फाउंड्रीमैन हिंन्दी MCQ

मनोज डोळे

Copyright © Manoj Dole
All Rights Reserved.

This book has been published with all efforts taken to make the material error-free after the consent of the author. However, the author and the publisher do not assume and hereby disclaim any liability to any party for any loss, damage, or disruption caused by errors or omissions, whether such errors or omissions result from negligence, accident, or any other cause.

While every effort has been made to avoid any mistake or omission, this publication is being sold on the condition and understanding that neither the author nor the publishers or printers would be liable in any manner to any person by reason of any mistake or omission in this publication or for any action taken or omitted to be taken or advice rendered or accepted on the basis of this work. For any defect in printing or binding the publishers will be liable only to replace the defective copy by another copy of this work then available.

डिजिटाइजेशन समय की मांग है। भविष्य में, प्रशिक्षण को अधिक सुविधाजनक और आसान बनाने के लिए ऑनलाइन इंटरनेट का उपयोग करके औद्योगिक प्रशिक्षण संस्थानों में प्रशिक्षण आयोजित करने की आवश्यकता होगी। एमसीक्यू प्रश्नों के एक सेट वाली ई-पुस्तकें प्रशिक्षुओं को उपलब्ध कराई जाएंगी क्योंकि उन्हें अपने औद्योगिक प्रशिक्षण संस्थानों में होने वाली ऑनलाइन परीक्षाओं की तैयारी के लिए बहुविकल्पीय प्रश्नों एमसीक्यू के अधिक आदी होने की आवश्यकता है।

इन सब बातों को ध्यान में रखते हुए औद्योगिक प्रशिक्षण संस्थान सतारा के प्रशिक्षक श्री मनोज मधुकर डोले ने नई वार्षिक प्रणाली और एनएसक्यूएफ-5 पाठ्यक्रम के अनुसार पुस्तकें लिखी हैं। और उन्होंने प्रशिक्षण को आसान बनाने के लिए सैद्धांतिक मोबाइल ऐप और ब्लॉग बनाए हैं, और इन सभी शैक्षिक सामग्री को विश्व प्रसिद्ध वेबसाइटों Google Play Store, Amazon और Apple Book Store पर डाउनलोड के लिए उपलब्ध कराया है।

पुस्तकों का प्रकाशन माननीय सहसंचालक श्री राजेंद्र घुमे साहेब प्रादेशिक व्यावसायिक शिक्षण व प्रशिक्षण कार्यालय, पुणे द्वारा दिनांक 9/1/2019 को किया गया, इस समय श्री प्रकाश सहगवकर साहब प्राचार्य शासकीय औद्योगिक प्रशिक्षण संस्थान औंध पुणे, श्री तुकाराम मिसाल साहेब प्राचार्य सरकार प्र. संस्था सतारा, श्री सचिन धूमल साहब जिला व्यावसायिक शिक्षा एवं प्रशिक्षण अधिकारी सतारा, श्री यतिन परगांवकर साहब प्राचार्य शासन. Q. संस्था कोल्हापुर, श्री विकास टेक साहब इंस्पेक्टर वोकेशनल एजुकेशन एंड ट्रेनिंग रीजनल ऑफिस पुणे, पालेकर फूड्स प्रोडक्ट्स प्रा. लि. सतारा के उद्यमी अध्यक्ष श्री नीलकंठराव पालेकर साहब, हीरा फूड्स के अध्यक्ष श्री इब्राहिम बाबा तंबोली साहब, श्रीमती शाल्मली पवार मुख्याध्यापिका शासकीय तकनीकी विद्यालय केंद्र सतारा सहित अन्य गणमान्य व्यक्ति इस अवसर पर उपस्थित थे।

क्रम-सूची

प्रस्तावना

फाउंड्रीमैन हिन्दी MCQआईटीआई और इंजीनियरिंग कोर्स के लिए एक सरल ई-बुक है फाउंड्रीमैन, संशोधित एनएसक्यू पाठ्यक्रम में , इसमें रेखांकित और बोल्ड सही उत्तरों के साथ वस्तुनिष्ठ प्रश्न शामिल हैं एमसीक्यू सभी विषयों को कवर करता है जिसमें सभी नवीनतम और महत्वपूर्ण के बारे में सामान्य रूप से सुरक्षा पहलू को व्यापक रूप से शामिल किया गया है। व्यापार के लिए विशिष्ट सुरक्षा पहलू, उपकरण और उपकरण, कास्टिंग में प्रयुक्त कच्चे माल की पहचान करना। आगे बालू को छानना और मिलाना, बालू परीक्षण सिखाया जाता है। अन्य ऑपरेशन जैसे रैमिंग, चैनल कटिंग, सैंड प्रिपरेशन, बैकिंग और गेट कटिंग को कवर किया जाता है। इसके अलावा, कोर बनाना, हरी रेत का साँचा तैयार करना, फर्श को समतल करना, सांचे में बिस्तर, विभिन्न प्रकार के कोर से ढालना तैयार करना, उपकरण के अनुसार अलग-अलग सांचे तैयार करना भी शामिल हैं। संबंधित लकड़ी के विभिन्न पैटर्न बनाने का काम भी व्यावहारिक कार्य का हिस्सा है। विभिन्न धातु कार्य जैसे चिपिंग, फाइलिंग, ग्राइंडिंग, ड्रिलिंग आदि को भी कवर किया जाता है। अंत में, प्रेरण भट्टी पर पिघलने का अभ्यास किया जाता है। विभिन्न सांचों को तैयार करना, जैसे दोमट रेत का साँचा, गड्ढे का ढालना, $CO2$ ढालना और ढलाई बनाना शुरू में कवर किया जाता है। इसके अलावा, अलग-अलग कोर सेटिंग जैसे कि बैलेंसिंग कोर, हैंगिंग कोर के साथ-साथ विभिन्न धातुओं की ढलाई के साथ मोल्ड की तैयारी को कवर किया जाता है। उपज प्रतिशत ज्ञात करना भी व्यावहारिक कार्य का हिस्सा है। साथ ही हाफ कोर को मिलाकर पूरे कोर की तैयारी को कवर किया जाता है। इसके अलावा, विभिन्न धातु की ढलाई सहित विभिन्न गेटों जैसे पेंसिल, उंगली, पच्चर की अंगूठी, शाखा, राहत स्प्रू, स्किम बॉब, हॉर्न गेट, स्टेप गेट आदि के साथ मोल्ड तैयार करना शामिल है। विभिन्न भट्टियों जैसे फिट, तेल से निकालकर, मफल्स को फिर से जोड़ने जैसे व्यावहारिक कौशल को करछुल के साथ कवर किया जाता है। अलसी के तेल से कोर की तैयारी और ivpoils, बिना पैटर्न के मोल्ड तैयार करना भी व्यावहारिक कौशल का हिस्सा है। अंत में, डाई और इन्वेस्टमेंट कास्टिंग द्वारा कास्ट को कवर किया जाता है और बहुत कुछ।

हम प्रत्येक नए संस्करण के साथ नए प्रश्न उत्तर जोड़ते हैं। किसी भी त्रुटि/चूक के मामले में कृपया हमें ईमेल करें। यह यकीनन सभी इंजीनियरिंग बहुविकल्पीय प्रश्नों और उत्तरों के लिए सबसे बड़ी और सर्वश्रेष्ठ ई-बुक है।

एक छात्र के रूप में आप इसे अपनी परीक्षा की तैयारी के लिए उपयोग कर सकते हैं। यह ई-पुस्तक प्रोफेसरों के लिए सामग्री को ताज़ा करने के लिए भी उपयोगी है।

भूमिका

डीजीईटी नई दिल्ली और सीएसटीएआरआई कोलकाता अगस्त 2018 सत्र से आईटीआई में सभी व्यवसायों के लिए एक वार्षिक पैटर्न लागू कर रहे हैं। परीक्षा प्रणाली में भी बदलाव किया जाएगा और यह इस साल से ऑनलाइन हो जाएगी और चूंकि सभी प्रश्न वस्तुनिष्ठ प्रकार (एमसीक्यू) के हैं, इसलिए प्रशिक्षुओं को गहन अध्ययन की सख्त जरूरत है। इसे ध्यान में रखते हुए हमें पुराने NIMI पैटर्न पर आधारित पुस्तकें और नए वार्षिक पैटर्न का संपूर्ण अवलोकन प्रस्तुत करते हुए प्रसन्नता हो रही है, और हम आशा करते हैं कि ये पुस्तकें सभी व्यावसायिक निदेशकों और प्रशिक्षुओं के लिए एक मार्गदर्शक होंगी। है।

इन पुस्तकों को लिखने के लिए आईटीआई अकलुज के प्राचार्य जोहर अवाटे साहब ने कहा। आईटीआई सतारा सहगवकर साहब के पूर्व प्राचार्य, सहायक निदेशक श्री चंद्रकांत ढेकने साहेब क्षेत्रीय व्यावसायिक शिक्षा एवं प्रशिक्षण कार्यालय, पुणे, जिला व्यावसायिक शिक्षा एवं प्रशिक्षण अधिकारी सचिन धूमल साहेब एवं प्रधानाध्यापक शासकीय तकनीकी विद्यालय केन्द्र शाल्मली पवार मैडम एवं पुत्र अधिराज डोले, माता कुसुम डोले , मैं अपने पिता मधुकर डोले और पत्नी अश्विनी डोले को समय-समय पर उनके विशेष मार्गदर्शन और सहयोग के लिए बहुत आभारी हूं।

साथ ही, बहुत ही कम समय में श्री राजेन्द्र घुमे साहेब, संयुक्त निदेशक, व्यावसायिक शिक्षा और प्रशिक्षण क्षेत्रीय कार्यालय, पुणे द्वारा पुस्तक के प्रकाशन में उनके अमूल्य समय के लिए पुस्तक की समीक्षा की गई। मैं उनकी प्रतिक्रिया के लिए हृदय से आभारी हूँ।

पुस्तक लिखने की शुरुआत से ही निरंतर समर्थन के लिए मैं आईटीआई सतारा के प्रशिक्षक का आभारी हूं।

इस पुस्तक से, मैं खुद को धन्य मानता हूं कि मैंने आपके साथ ई-लर्निंग पर अपने विचार साझा किए। मैं यह दावा नहीं करूंगा कि यह पुस्तक पूर्ण है, क्योंकि पूर्णता को देखते हुए यह पुस्तक एक प्रयास है और अपनी शैशवावस्था में है। यदि उनका परीक्षण और सुझाव दिया जाए तो वे सुधार के लिए मूल्यवान होंगे।

मनोज डोले

दिनांक 9/1/2019

पावती (स्वीकृति)

21वीं सदी में औद्योगिक क्षेत्र में तेजी से बढ़ती मांग के अनुरूप बहु-कुशल कारीगरों की आपूर्ति के लिए व्यावसायिक शिक्षा और प्रशिक्षण विभाग के माध्यम से व्यावसायिक शिक्षा और प्रशिक्षण विभाग के माध्यम से व्यावसायिक शिक्षा और प्रशिक्षण प्रदान किया जाता है। संस्थानों के भीतर सभी व्यवसाय महत्वपूर्ण हैं, क्योंकि इन व्यवसायों के प्रशिक्षु उद्योग की मांगों के अनुसार बहु-कौशल विकसित करते हैं।

सभी व्यवसायों के लिए उपयुक्त एमसीक्यू ई-पुस्तकें उपलब्ध कराने के नेक इरादे से, यह देखते हुए कि औद्योगिक क्षेत्र के सभी उद्योगों में सभी परीक्षाएं ऑनलाइन आयोजित की जाती हैं और इसमें एमसीक्यू पद्धति के प्रश्न शामिल होते हैं। श्री मनोज मधुकर डोले ने नए वार्षिक पाठ्यक्रम के अनुसार एमसीक्यू पद्धति पर एक बहुत अच्छी ई-बुक लिखी है। यह ई-पुस्तक निश्चित रूप से सभी प्रशिक्षुओं, प्रशिक्षु उम्मीदवारों, प्रशिक्षण प्रशिक्षकों और अन्य संबंधितों के लिए एक मार्गदर्शक होगी।

पुस्तक के लेखक श्री मनोज मधुकर डोले, इंस्ट्रक्टर गॉव आईटीआई सतारा को 17 साल का प्रशिक्षण अनुभव है। एक नए वार्षिक पैटर्न के रूप में लिखी गई, यह ई-बुक प्रत्येक विषय के लिए लेआउट, सरल भाषा और सरल सिंटैक्स, आरेख और वीडियो को समझने के लिए आधुनिक डिजिटल क्यूआर कोड तकनीक को शामिल करती है। इसलिए मुझे विश्वास है कि यह ई-पुस्तक निश्चित रूप से गहन अध्ययन और परीक्षा अभ्यास के लिए उपयोगी होगी। उन्होंने जो कार्य किया है वह निश्चित रूप से काबिले तारीफ है।

श्री तुकाराम मिसाल
प्राचार्य शासकीय औद्योगिक प्रशिक्षण संस्था सातारा.

आमुख

हमारे औद्योगिक प्रशिक्षण संस्थानों की औद्योगिक प्रशिक्षण और सैद्धांतिक परीक्षा प्रणाली और इन परिवर्तनों को शिल्प प्रशिक्षकों और प्रशिक्षुओं द्वारा स्वीकार किया गया है। आपके औद्योगिक प्रशिक्षण संस्थानों में आयोजित सैद्धांतिक परीक्षाएं भी ऑनलाइन आयोजित की जाती हैं। चूंकि ये परीक्षाएं बहुविकल्पीय एमसीक्यू पद्धति की हैं, इसलिए प्रशिक्षुओं को ऐसे प्रश्नों का अधिक अभ्यास करने की आवश्यकता होगी।

इन सब बातों को ध्यान में रखते हुए श्री मनोज मधुकर, निदेशक, डोले क्राफ्ट्स, कटारी औद्योगिक प्रशिक्षण संस्थान, सतारा, ने नई वार्षिक प्रणाली और NSQF-5 के अनुसार, गहन अध्ययन किया है और अपनी मेहनत से और अपनी गहरी बुद्धि को जोड़ा है। पाठ्यक्रम, कटारी और अन्य मशीन ट्रेडों की ई-बुक। -बुक) और उन्होंने प्रशिक्षण को आसान बनाने के लिए सैद्धांतिक विषयों पर मोबाइल ऐप और ब्लॉग बनाए हैं और इन सभी शैक्षिक सामग्री को विश्व प्रसिद्ध वेबसाइटों Google Play Store, Amazon और Apple Book Store पर डाउनलोड के लिए उपलब्ध कराया है। प्रिंट संस्करण बनाकर और क्यूआर कोड जैसी उन्नत तकनीकों का उपयोग करके प्रशिक्षण को आसान बना दिया गया है।

ये सभी शैक्षिक सामग्री निश्चित रूप से सभी प्रशिक्षुओं के लिए गहन अध्ययन के लिए और शिल्प प्रशिक्षकों और अन्य संबंधितों के लिए एक मार्गदर्शक होगी जो व्यावसायिक प्रशिक्षण प्रदान कर रहे हैं।

1

फाउंड्रीमैन हिंन्दी QR Code Images

Download App
Online Test Exam
ITI Books
AutoCAD CAM
JOB & Apprentice
Online Theory
Computer Course
Trading Course
CNC Course
MSCIT Course
Shopping Business
Internet Business
Web Designing
Online Services
Top Sportsmans
Indian Army
Freedom Fighters
Top Scientists
Social Reformers
Motivational Speaker
Top Richest People
Join WhatsApp Group
Join Facebook Group
Like Facebook Page
PAN / Adhar / Licence Passport

Fire extinguisher

Caliper

Hacksaw frame

Universal surface guage

Hammer

Centre punch

Bench vice

Files

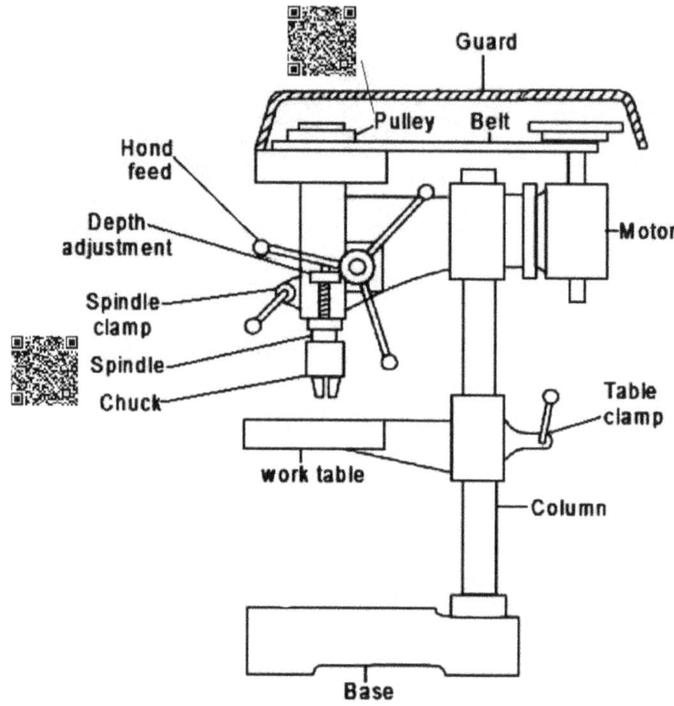

Piller Drilling Machine

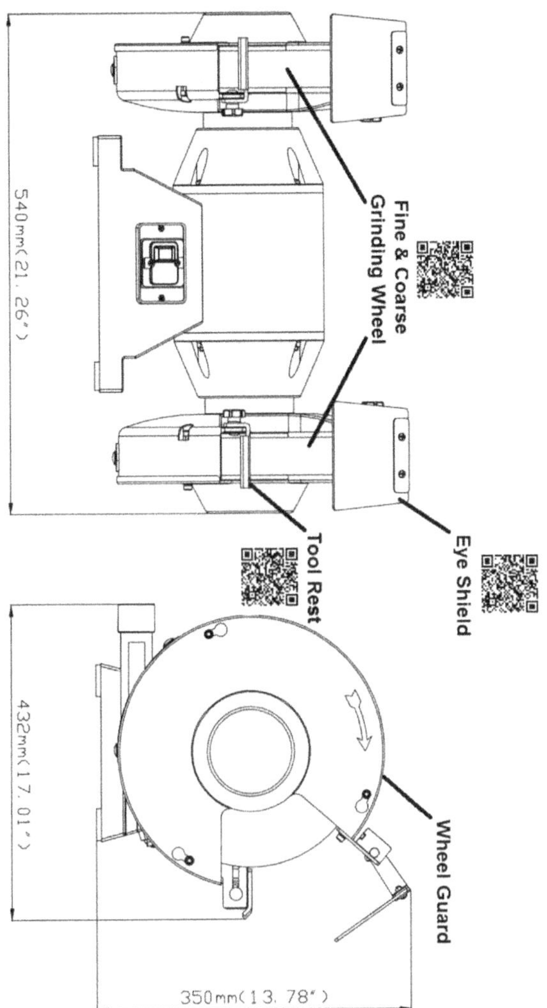
Bench Grinding Machine
Fine & Coarse Grinding Wheel
Eye Shield
Tool Rest
Wheel Guard
540mm(21.26")
432mm(17.01")
350mm(13.78")

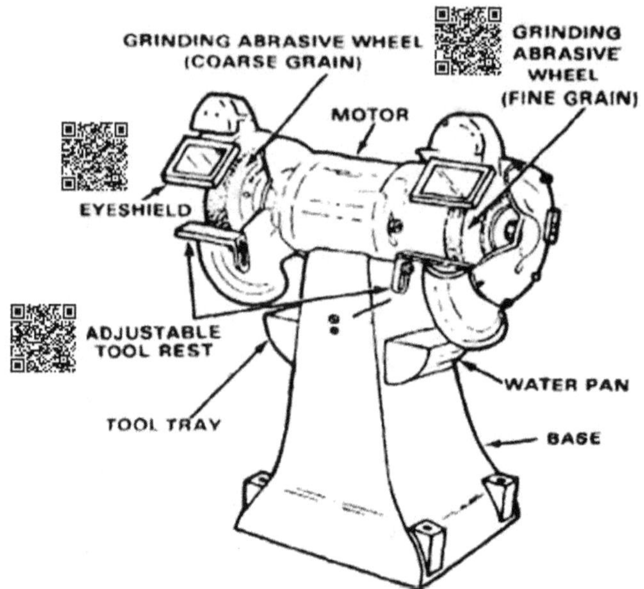

Pedastal Grinding Machine

Bench moulding

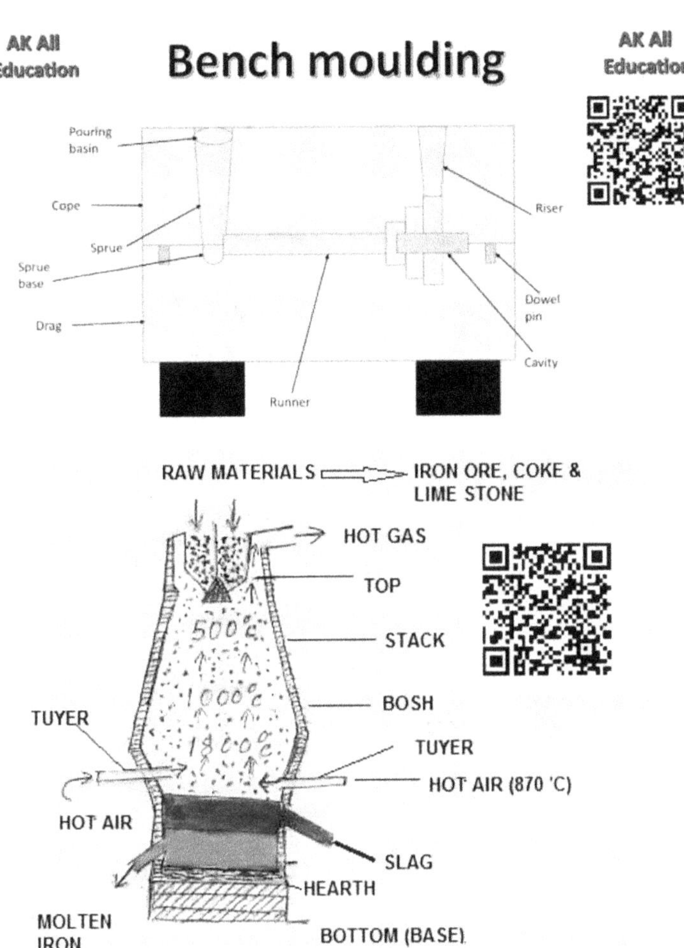

BLAST FURNACE

Cement Bonded Sand Moulding
Engineering
Study Materials

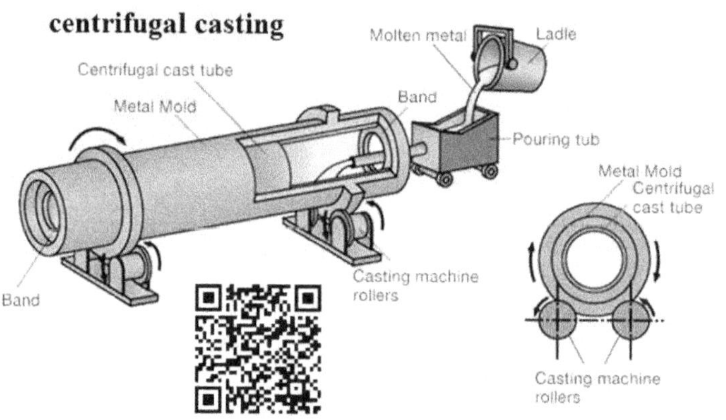

centrifugal casting
Centrifugal cast tube
Metal Mold
Molten metal
Ladle
Band
Pouring tub
Metal Mold
Centrifugal cast tube
Band
Casting machine rollers
Casting machine rollers

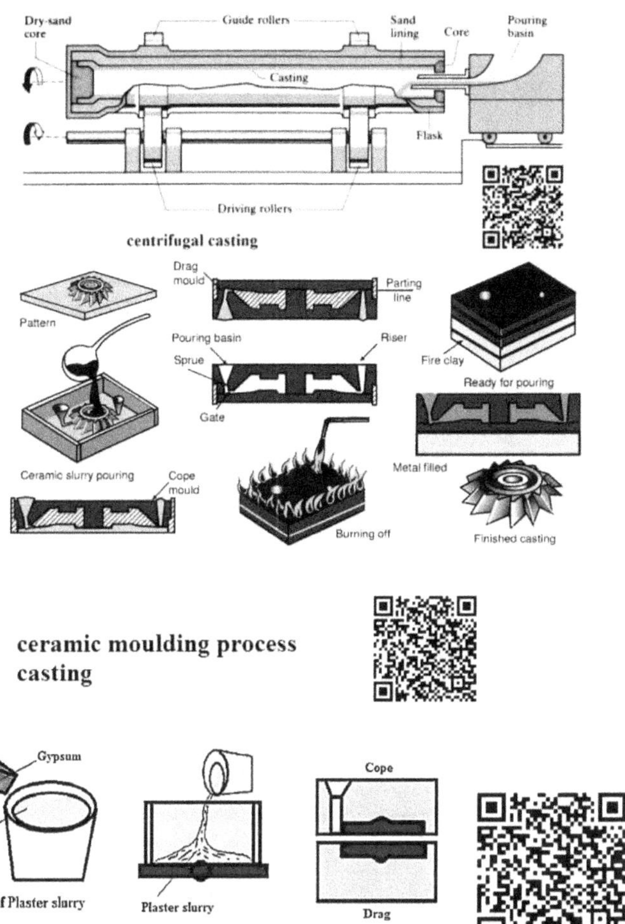

Fig.1.43 : Ceramic mould making

Internal and External Chills

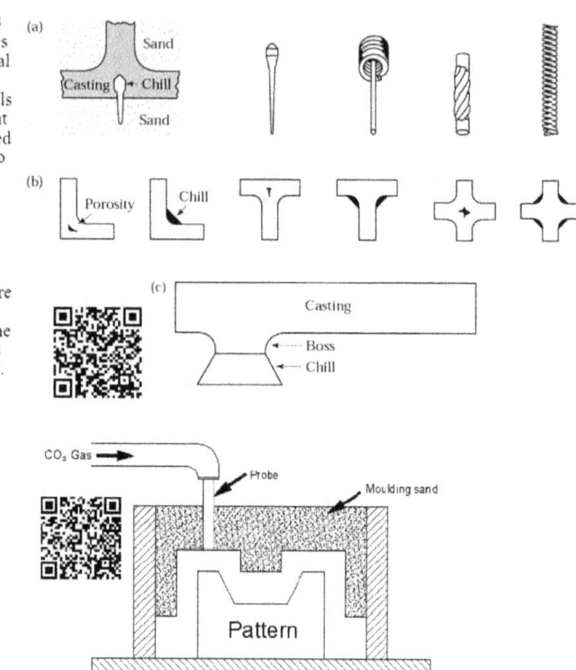

Fig. 1.47 Carbon - di - Oxide Processess

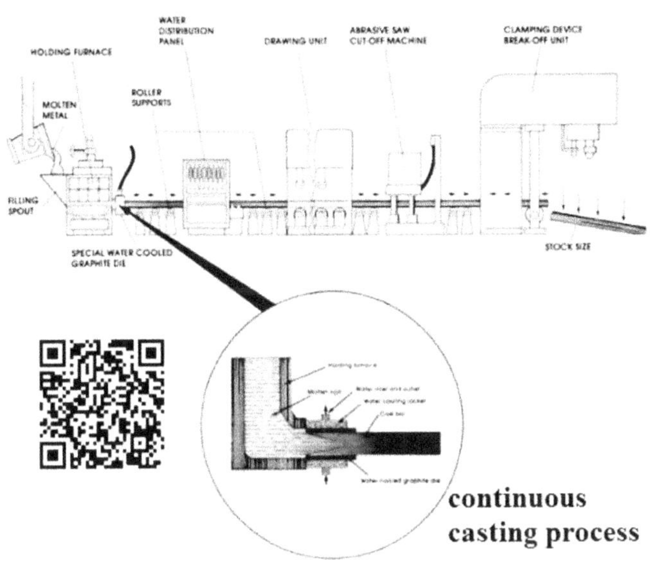
HOLDING FURNACE
WATER DISTRIBUTION PANEL
DRAWING UNIT
ABRASIVE SAW CUT-OFF MACHINE
CLAMPING DEVICE BREAK-OFF UNIT
MOLTEN METAL
ROLLER SUPPORTS
FILLING SPOUT
SPECIAL WATER COOLED GRAPHITE DIE
STOCK SIZE
continuous casting process

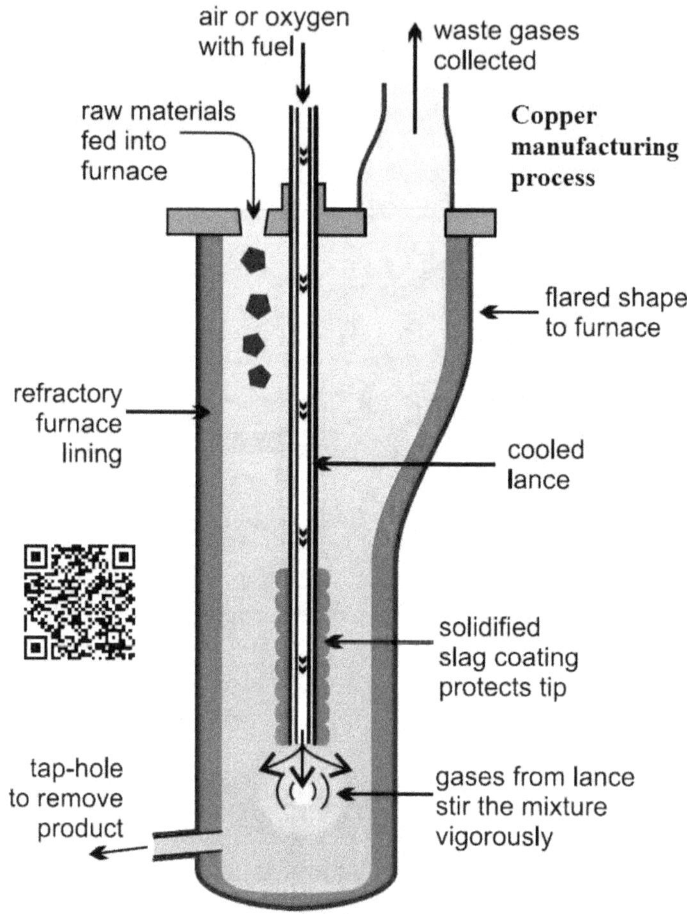

air or oxygen with fuel
waste gases collected
Copper manufacturing process
raw materials fed into furnace
flared shape to furnace
refractory furnace lining
cooled lance
solidified slag coating protects tip
tap-hole to remove product
gases from lance stir the mixture vigorously

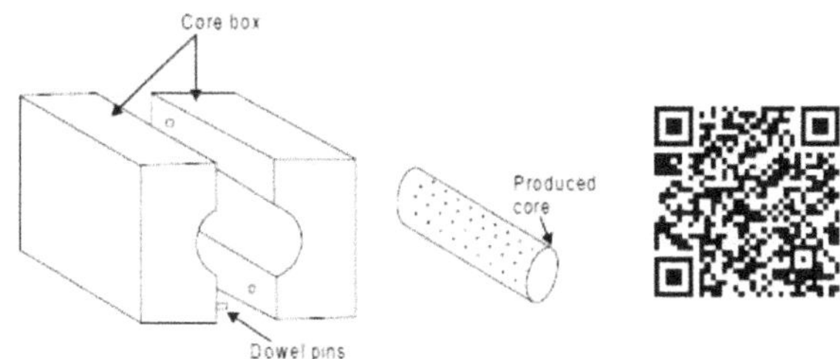

Fig. 10.19   Split core-box

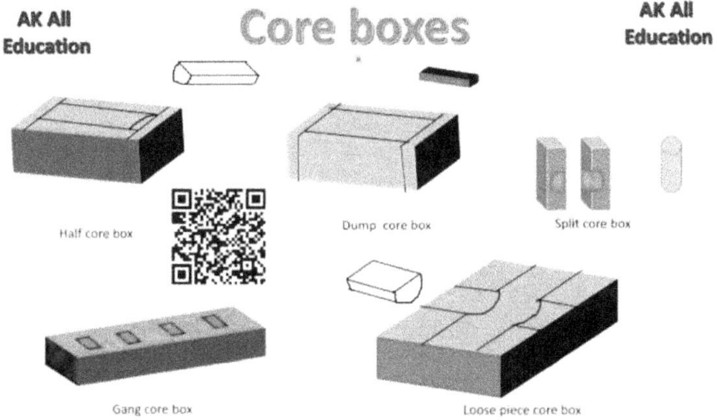

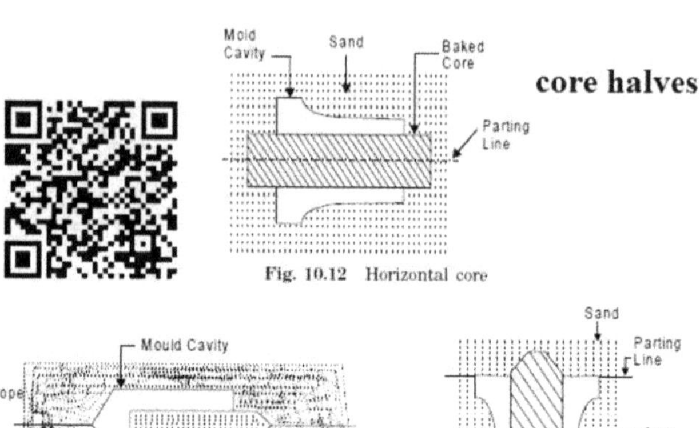

Fig. 10.12   Horizontal core

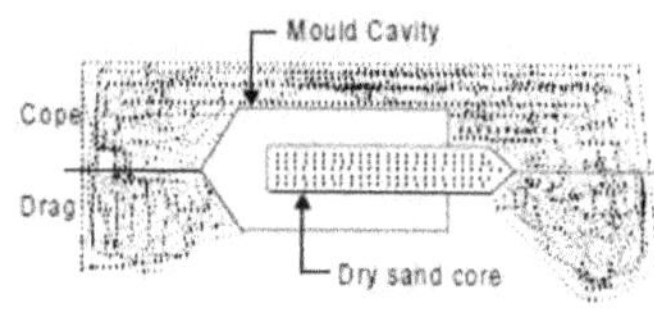

Fig. 10.13   Vertical core

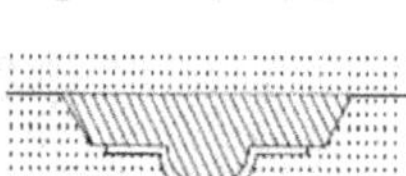

Fig. 10.14   Balanced core

Fig. 10.15   Drop core

Fig. 10.16   Hanging core

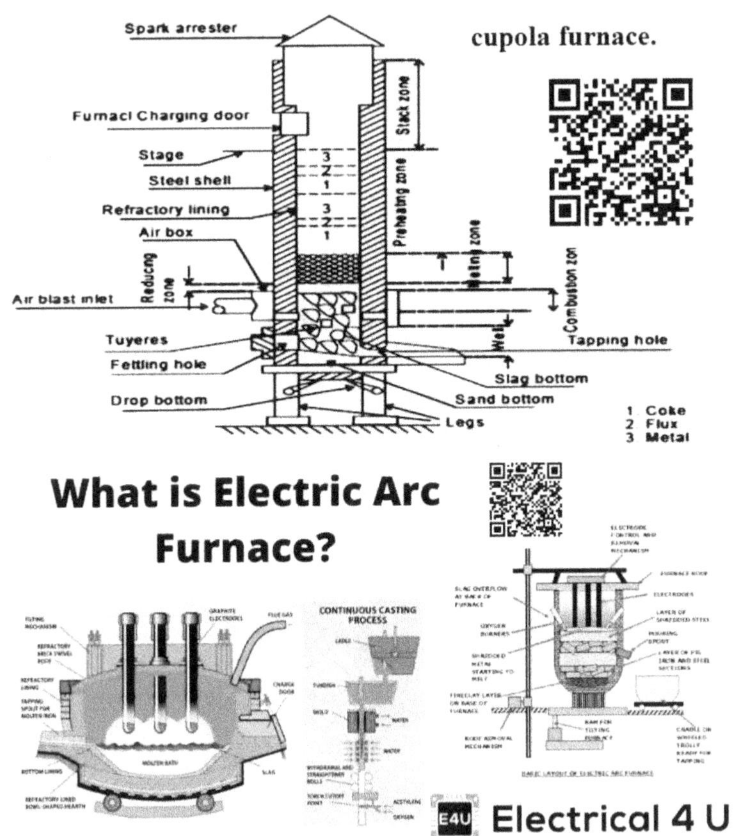

What is Electric Arc Furnace?

Electrical 4 U

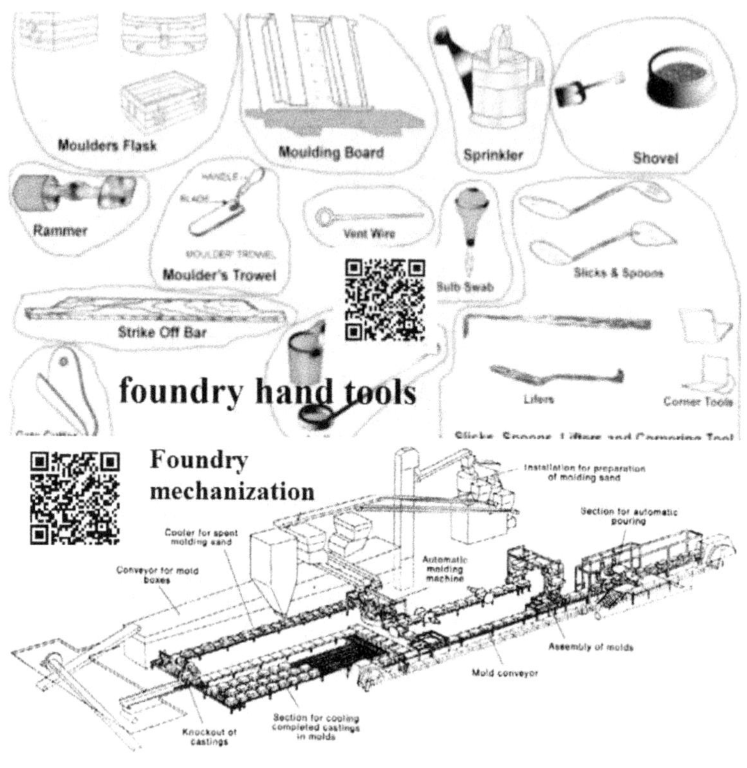
Moulders Flask
Moulding Board
Sprinkler
Shovel
Rammer
Moulder's Trowel
Vent Wire
Bulb Swab
Sticks & Spoons
Strike Off Bar
Lifters
Corner Tools
foundry hand tools
Foundry mechanization
Installation for preparation of molding sand
Section for automatic pouring
Cooler for spent molding sand
Automatic molding machine
Conveyor for mold boxes
Assembly of molds
Mold conveyor
Knockout of castings
Section for cooling completed castings in molds

gate system

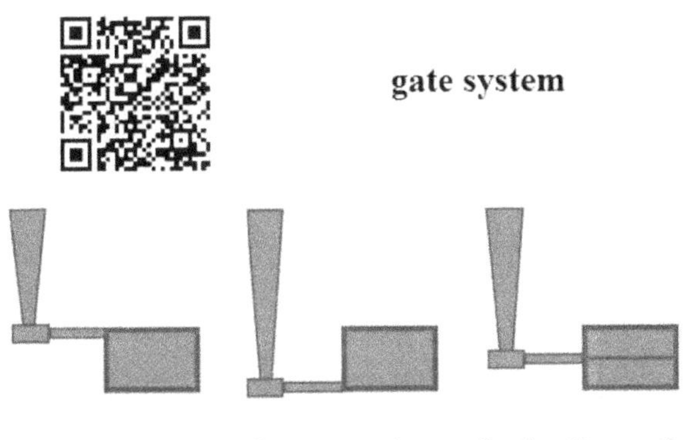

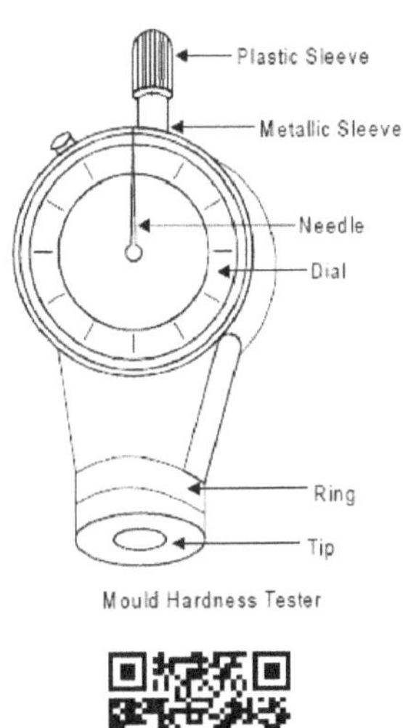

Mould Hardness Tester

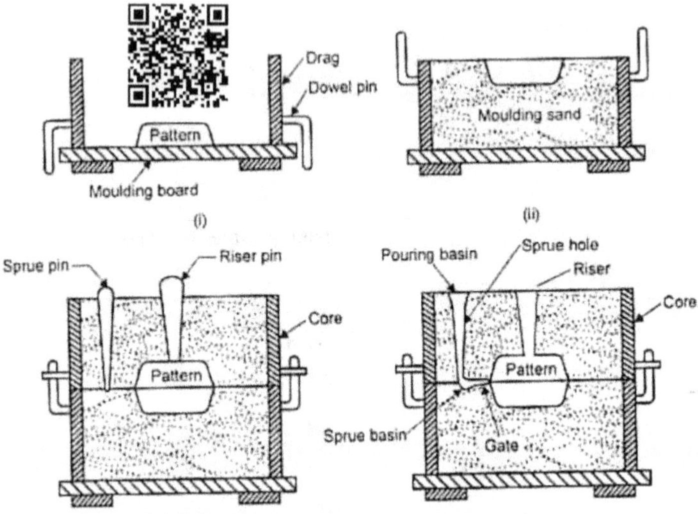

Fig. 1.31 Green sand Moulding Processes

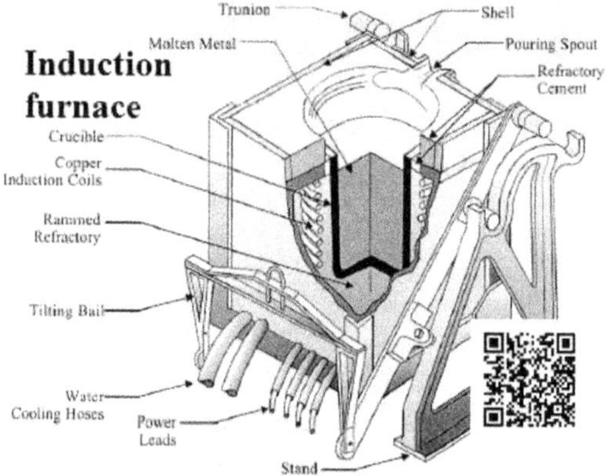

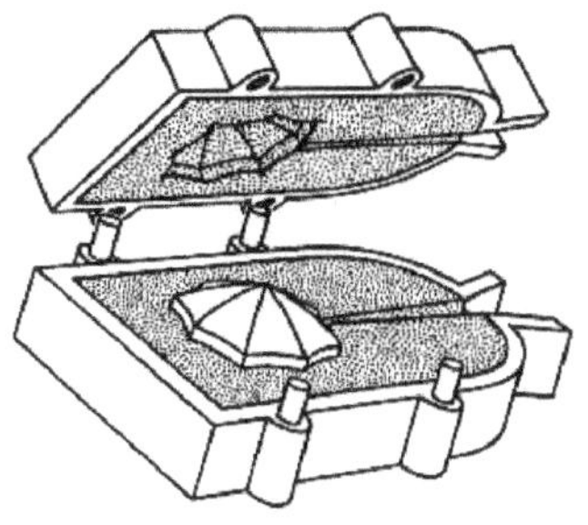

loam sand
mould

XINXING
Jolt squeeze
moulding
machine
Types of Moulding
Bench Moulding
Pit Moulding
Floor Moulding
Green Sand Moulding
Dry Sand Moulding
Loam Sand Moulding

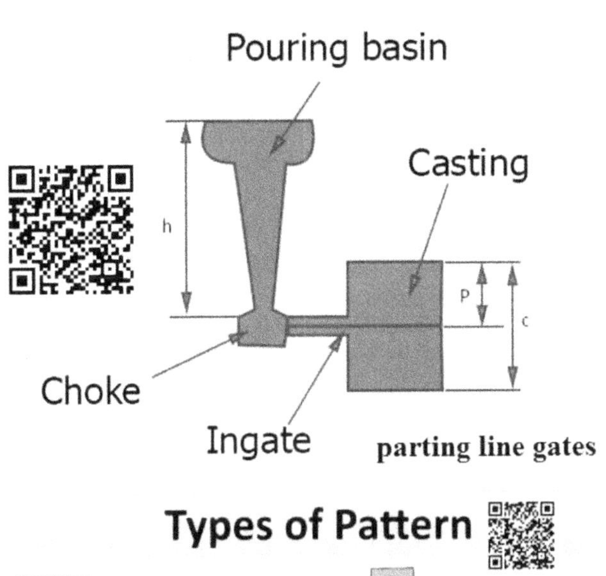

Types of Pattern

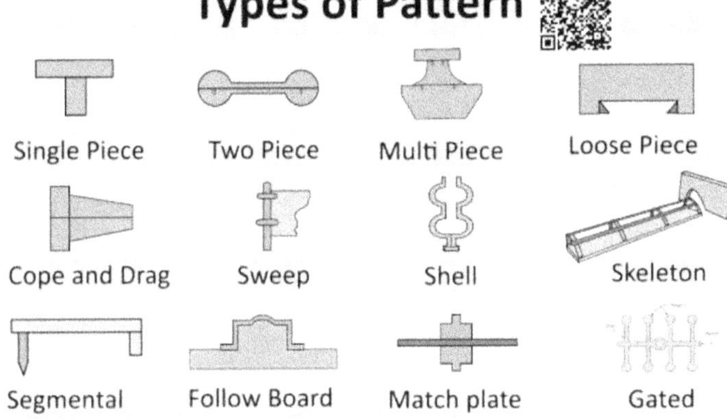

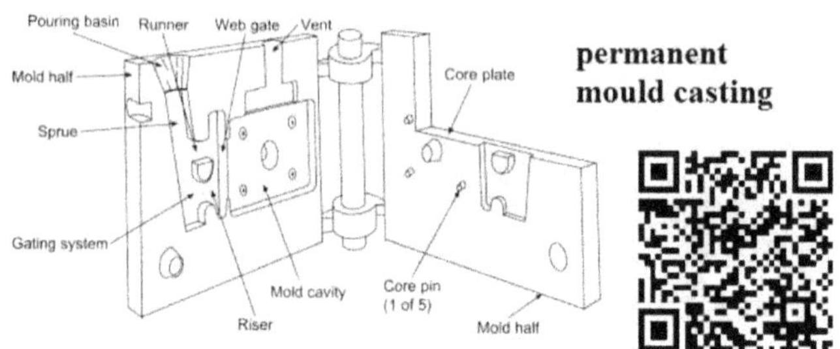

Pouring basin
Runner
Web gate
Vent
Mold half
Core plate
Sprue
Gating system
Mold cavity
Core pin
(1 of 5)
Mold half
Riser
permanent
mould casting

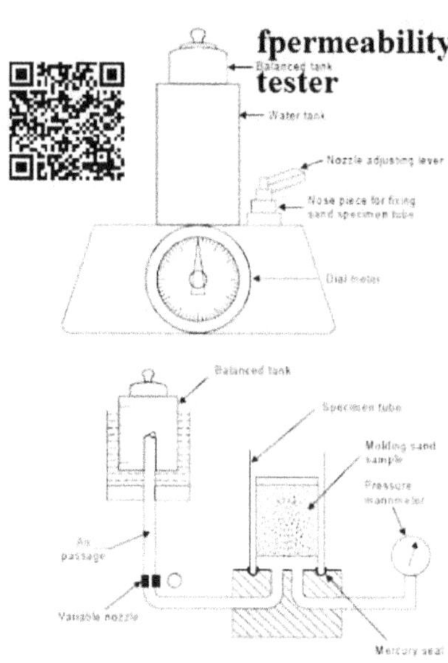

fpermeability
tester
Balanced tank
Water tank
Nozzle adjusting lever
Nose piece for fixing
sand specimen tube
Dial meter
Balanced tank
Specimen tube
Molding sand
sample
Pressure
manometer
Air
passage
Variable nozzle
Mercury seal

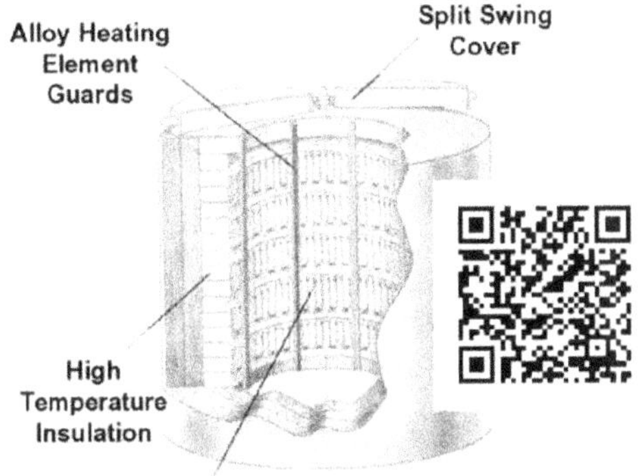

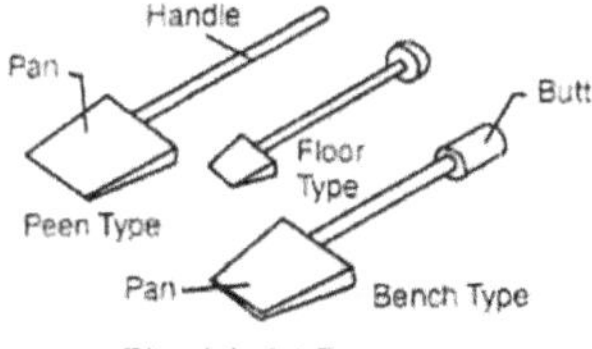

Fig. 4.1. (*c*) Rammers.

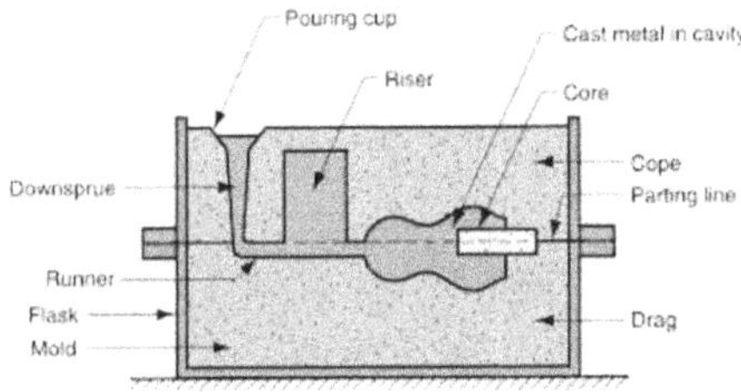

sand mould

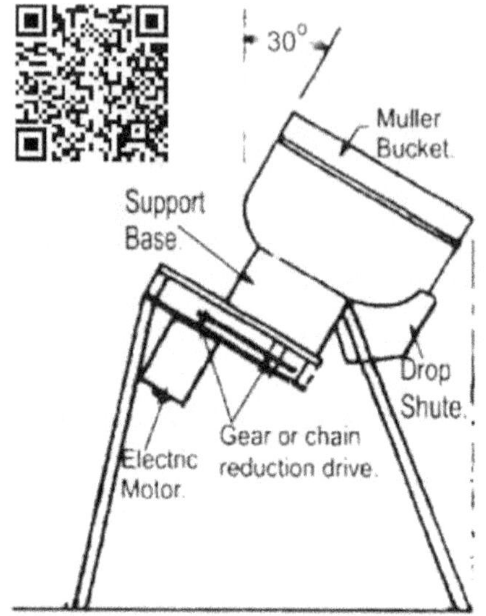

Sand Muller Gear Reduction Drive Layout.

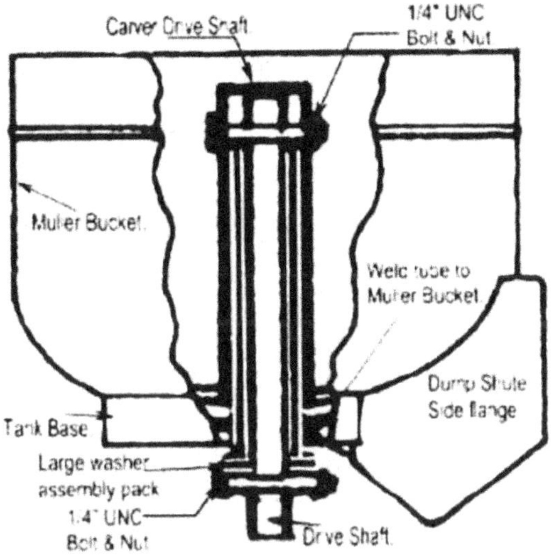

Cutaway Drawing Of Muller Assembly.

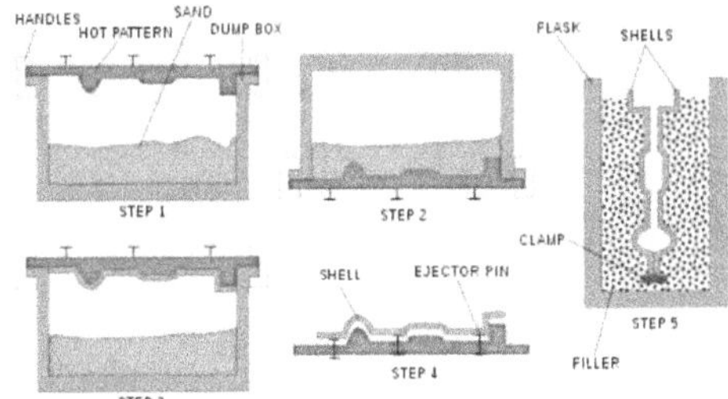

shell moulding

Parts of a
Shovel
Handle
Socket
Shaft
Step
Cutting Edge
Blade
sieve shaker tester
DRY SAND MOULDS
Open riser   Vent   Pouring basin (cup)
Cope
Blind riser
Flask
Core sand
Sprue
Sand
Parting line
Drag
Mold cavity
Choke
Runner
Gate
Sand
MODI MECHANICAL ENGINEERING TUTORIALS

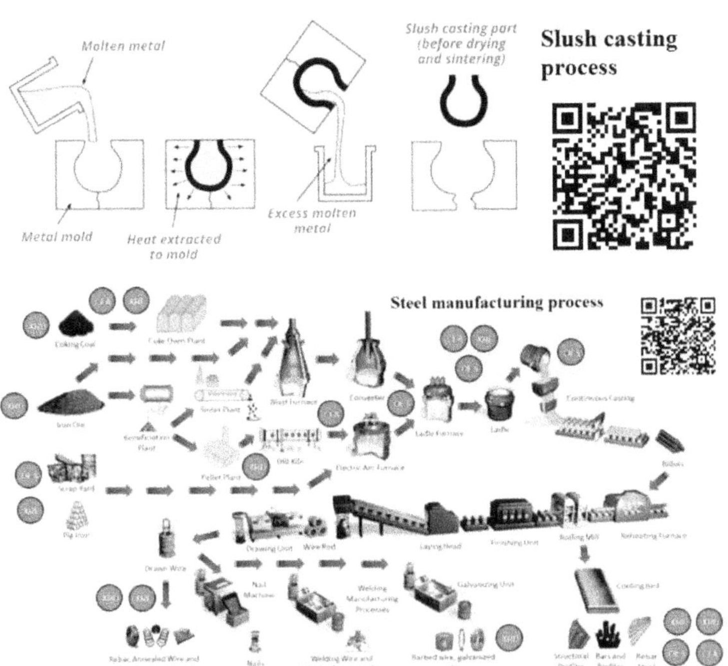

Molten metal
Metal mold
Heat extracted
to mold
Excess molten
metal
Slush casting part
(before drying
and sintering)
Slush casting
process
Steel manufacturing process
Coking Coal
Coke Oven Plant
Iron Ore
Beneficiation
Plant
Sinter Plant
Blast Furnace
Converter
Ladle Furnace
Ladle
Continuous Casting
Scrap Yard
Pellet Plant
DRI Kiln
Electric Arc Furnace
Billets
Pig Iron
Drawing Unit
Wire Rod
Laying Head
Finishing Unit
Rolling Mill
Reheating Furnace
Drawn Wire
Nail
Machine
Welding
Manufacturing
Processes
Galvanizing Unit
Cooling Bed
Rebar, Annealed Wire and
Ribbed-reinforced mesh
Nails
Welding Wire and
Welding for electrodes
Barbed wire, galvanized
wire
Structural
Profiles
Bars and
Profiles
Rebar
Steel

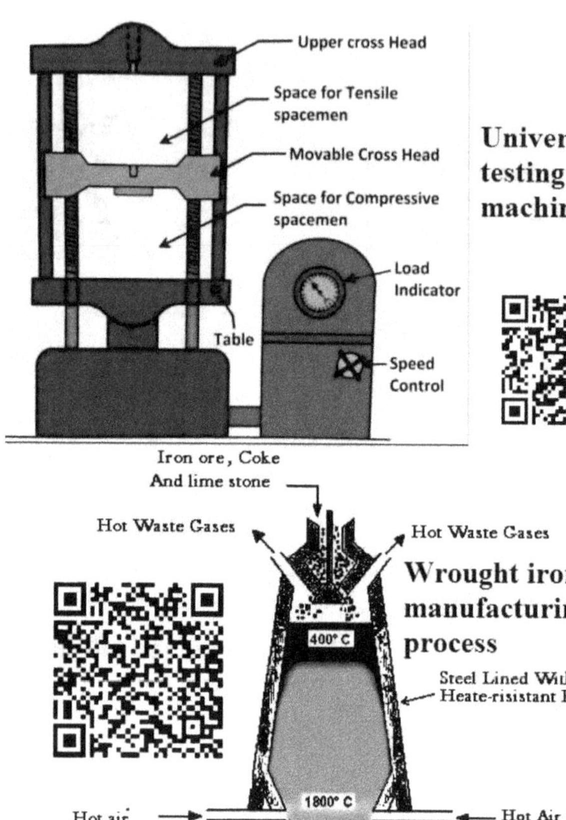

Blast Furnace of Iron
Fig. 1.1

2

फाउंड्रीमैन हिन्दी MCQ

1] कौन सी वर्कशॉप सेफ्टी है?

<u>ए] दुकानकेफर्शकोसाफऔरग्रीस, तेलयाअन्यफिसलनसामग्रीसेमुक्तरखें</u>

बी] गति बदलने से पहले मशीन बंद करो

सी] फटे या चिपके हुए औजारों का प्रयोग न करें

D] चल रही मशीन को हाथ से रोकने की कोशिश न करें

2] पर्सनल प्रोटेक्ट इक्विपमेंट (पीपीई) में हेल्मेट का उपयोग किया जाता है

<u>ए] सिरकीरक्षाकरें</u>

बी] आंखों की रक्षा करें

सी] हाथों की रक्षा करें

डी] कानों की रक्षा करें

3] निम्नलिखित में से कौन सामान्य सुरक्षा से संबंधित है?

A एक कार्यकर्ता को अच्छे व्यवहार में रखें

बी] काम साफ और स्पष्ट

सी] अपने काम पर ध्यान लगाओ

<u>डी] फर्शऔरगैंगवेकोसाफऔरसाफरखें</u>

4] पीसते समय आंखों की सुरक्षा के लिए किसका प्रयोग किया जाता है?

ए] गहरा हरा कांच

बी] मुखौटा

सी] धूप का चश्मा

<u>डी] सुरक्षाचश्मा</u>

5] मशीन सुरक्षा के लिए निम्नलिखित में से क्या किया जाता है?

<u>ए] मशीनशुरूकरनेसेपहलेतेलकेस्तरकीजांचकरें</u>

बी] चीजों को व्यवस्थित तरीके से करें

सी] फर्श और गैंगवे को साफ और साफ रखें

डी] डाई और स्कार्फ का प्रयोग न करें

6] पर्सनल प्रोटेक्ट इक्विपमेंट (पीपीई), 'स्लीव्स' का इस्तेमाल ---------- की सुरक्षा के लिए किया जाता है

एक चेहरा

बी] आंखें

सी] कान

डी] हाथ

7] एबीसी का मतलब --------------

ए] स्वचालित श्वास नियंत्रण

बी] स्वचालित रक्त नियंत्रण

सी] वायुमार्गश्वासपरिसंचरण

डी] स्वचालित रक्त परिसंचरण

8] आग और आग बुझाने वाले

fire extingusher

Fire Extingusher

अग्निशामक: आग

9] "क्लास बी" की आग को बुझाने के लिए किस प्रकार के अग्निशामक यंत्र का उपयोग किया जाता है ....

ए] शुष्कशक्ति

बी] कार्बन डाइऑक्साइड

सी] पानी की जेट

डी] फोम प्रकार

10] सामान्य आग को बुझाने के लिए किस प्रकार के अग्निशामक यंत्र का उपयोग किया जाता है?

ए] जलप्रकारबुझानेवाला

बी] फोम प्रकार बुझाने वाला

सी] शुष्क रासायनिक पाउडर एक्सटिंगुइशर

डी] कार्बन डाइऑक्साइड (CO_2] बुझाने वाला)

11] खून बहने की स्थिति में उपचार करें

डी] ठंडा 3" और आराम

<u>ए] ठंडेपानीकाछिड़कावकरें</u>

बी] तुरंत पट्टी -----।

बी] दुर्घटना विचार उपचार के बारे में पूछताछ

safety   workshop safety

12] दुर्घटना की स्थिति में पीड़ित को

ए] आराम करने के लिए कहा

<u>सी] तुरंतभागलिया</u>

डी] उसे छोड़ दो

13] प्राथमिक उपचार किसी घायल या बीमार व्यक्ति को प्राथमिक रूप से दिया जाता है....

ए] जीवन बचाओ

बी] मफ की और गिरावट को रोकें

सी] सर्वोत्तम संभव आराम दें

<u>डी] येसभी</u>

14] बेकार कागज को अलग करने के लिए डिब्बे का रंग कोड है -----

<u>ए] नीलारंग</u>

बी] पीला रंग

सी] लाल रंग

डी] हरा रंग

15] जापानी में Seiko का अर्थ -------------- होता है

<u>ए] शाइन</u>

बी] क्रमबद्ध करें

सी] मानकीकरण

डी] सस्टेनेबल

16] एसएस प्रणाली का लाभ है ------

ए] उत्पादकता में वृद्धि

बी] गुणवत्ता में वृद्धि

सी] समय की बर्बादी में कमी

डी] येसभी

17] सुरक्षा है ----------

ए] किसी का व्यवसाय नहीं

बी] हरबॉडीबिजनेस

सी] कुछ निकायों का व्यवसाय

डी] संगठन व्यवसाय

18] सुरक्षा चिन्हों की बुनियादी श्रेणियों के लिए "निषेध" चिन्ह का अर्थ उपलब्ध है ----

ए] दिखाताहैकियहनहींकियाजानाचाहिए

बी] दिखाता है कि क्या किया जाना चाहिए

सी] खतरे या खतरे की चेतावनी देता है

डी] सुरक्षा प्रावधान की जानकारी देता है

18] एक माइक्रोमीटर (U) बराबर होता है...

ए] 0.1 मिमी

बी] 0.01 मिमी

सी] 0.001 मिमी

डी] 0.0001 मिमी

19] एक स्लॉट की चौड़ाई मापने के लिए कैलीपर है...

ए] अजीब पैर कैलिपर

बी] बाहरी कैलिपर

सी] जेनी कैलिपर

डी] कैलिपरकेअंदर

caliper   hand tools

कैलिपर

20] डिवाइडर का आकार ----------- द्वारा निर्दिष्ट किया जाता है

ए] पैरों की कुल लंबाई

बी] पूरी तरह से खुलने पर बिंदुओं के बीच की दूरी

सी] बिना बिंदुओं के पैरों की लंबाई

डी] धुरीऔरबिंदुकेबीचकीदूरी

21] डेटम किनारे के समानांतर समानांतर रेखाओं को चिहिनत करने के लिए इस्तेमाल किया जाने वाला उपकरण है -

ए] जेनीकैलिपर

बी] डिवाइडर

सी] बाहरी कैलिपर

डी] कैलिपर के अंदर

22] निम्नलिखित में से कौन सा एक अप्रत्यक्ष माप उपकरण है?

ए] बाहरीकैलिपर

बी] वर्नियर कैलिपर

सी] स्टील नियम

डी] बाहरी माइक्रोमीटर

23] पतली टयूबिंग काटने के लिए, हैक्सॉ ब्लेड की सबसे उपयुक्त पिच है...

ए] 1.8 मिमी

बी] 1.4 मिमी

सी] 1 मिमी

डी] 0.8 मिमी

24] ठोस पीतल काटने के लिए, हैक्सॉ ब्लेड की सबसे उपयुक्त पिच है...

ए] 1.8 मिमी

बी] 1.4 मिमी

सी] 1 मिमी

डी] 0.8 मिमी

hacksaw   Hacksaw Frame Blade

हक्सॉ फ्रेम

25] एक नया हैक्सॉ ब्लेड कुछ स्ट्रोक के बाद ढीला हो जाता है क्योंकि...

ए] ब्लेडकाखिंचाव

बी] विंग-अखरोट के धागे खराब हो रहे हैं

सी] ब्लेड की गलत पिच

डी] आरी के सेट का अनुचित चयन।

26] छोटे व्यास के पाइपों को काटते समय नियमित रूप से देखने और यह सुनिश्चित करने की सलाह दी जाती है कि...

ए] कट घुमावदार रेखा के साथ है

बी] अधिकदेखादांतअनुबंधमेंहैं

सी] काम ज़्यादा गरम नहीं है

डी] हैकसॉ का उचित संतुलन बनाए रखा जाता है

27] वाइस क्लैम्प का उपयोग किया जाता है ...

ए] कठोर जबड़ों की रक्षा करें

बी] काम के टुकड़ों को सख्ती से जकड़ें

सी] तैयारसतहोंकीरक्षाकरें

डी] जंगम जबड़े को दाखिल होने से रोकें

28] अंकन के दौरान संदर्भ सतह द्वारा प्रदान की जाती है ...

ए] भूतल गेज

बी] वर्कपीस

सी] काम का चित्रण

डी] तालिकाकीसतहकोचिह्नितकरना

29] एक इंजीनियर के वाइस का आकार किसके द्वारा निर्दिष्ट किया जाता है...

ए] जंगम जबड़े की लंबाई

बी] जबड़ेकीचौड़ाई

सी] वाइस की ऊंचाई

D] जबड़ों का अधिकतम खुलना

30] यूनिवर्सल सरफेस गेज का वह भाग जो एक डेटम एज के साथ समानांतर रेखा खींचने में मदद करता है, वह है ..

ए] रॉकर आर्म

बी] सुखद

सी] ठीक समायोजन पेंच

डी] गाइडपिन

universal surface
gauge   Surface Gauge

यूनिवर्सल सरफेस गेज

31] स्क्राइबर किससे बने होते हैं...

ए] माइल्ड स्टील

बी] <u>उच्चकार्बनस्टील</u>

सी] पीतल

डी] कच्चा लोहा

32] हथौड़े के हैंडल को ठीक करने के लिए इस्तेमाल किया जाने वाला हिस्सा है...

एक चेहरा

बी] पीन

सी] गाल

डी] <u>आँखकाछेद</u>

33] अंकन के उद्देश्य के लिए हथौड़े का वजन है...

ए] <u>250g</u>

बी] 500g

सी] 1 किलो

डी] 2 किग्रा

hammer   Hammers

हथौड़ा

34] डिवाइडर का आकार किसके द्वारा निर्दिष्ट किया जाता है...

ए] पैरों की कुल लंबाई

बी] पूरी तरह से खुलने पर बिंदुओं के बीच की दूरी

सी] बिंदुओं के बिना पैरों की लंबाई

डी] धुरीऔरबिंदुकेबीचकीदूरी

35] 'वी' ब्लॉक के खांचे का सम्मिलित कोण हमेशा होता है....

ए] 45∘

बी] 60∘

सी] 90∘

डी] 120∘

36] 'वी' ब्लॉक ग्रेड में उपलब्ध हैं ...

ए] एऔरबी

बी] ए, बी और सी

सी] 1,2 और 3

डी] 1 और 2

37] ग्रेड 'बी' के 'वी' ब्लॉक के बने होते हैं

ए] कच्चालोहा

बी] हल्के स्टील

सी] स्टील

डी] कास्ट स्टील

38] केंद्र का पता लगाने के लिए इस्तेमाल किए जाने वाले पंच का नाम बताइए।

A] प्रिक पंच 30°

B] प्रिक पंच 60°

सी] केंद्रपंच

डी] डॉट पंच

Centre punch 1   Punches

केंद्र पंच

39] सेंटर पंच का पॉइंट एंगल -------- होता है

ए] 30 डिग्री

बी] 50 डिग्री

<u>सी] 900</u>

डी] 1200

40] पंचों का उपयोग किसी भी आकार के ---------- बनाने के लिए किया जाता है

<u>ए] छेद</u>

बी] खनन

सी] नूरलिंग

सपना देखना

41] आम तौर पर वाइस के हैंडल की लंबाई ---------- होती है

ए] वाइस के सामान्य आकार का 1.5 गुना

<u>बी] वाइसकेसामान्यआकारका 2.5 गुना</u>

सी] वाइस के सामान्य आकार का 3.5 गुना

डी] वाइस के सामान्य आकार का 4.5 गुना

bench vice   Bench Vice

बेंच वाइस

42] बेंच वाइस स्पिंडल .... का बना होता है।

ए] माइल्डस्टील

बी] कच्चा लोहा

सी] टूल स्टील

डी] कांस्य

43] फाइलों की उत्तलता मदद करती है...

ए] अवतल सतहों को फाइल करने के लिए

बी] उत्तल सतहों को फाइल करने के लिए

सी] कामकेकिनारोंकोगोलकरनेसेरोकनेकेलिए

D] दबाव डालने पर फाइल सीधी हो जाती है

files 1   Files

फ़ाइलें

44] लकड़ी, चमड़ा और अन्य नरम सामग्री भरने के लिए किस फाइल का उपयोग किया जाता है? .

ए] सिंगल कट फाइल

बी] डबल कट फ़ाइल

सी] रास्पकटफ़ाइल

डी] घुमावदार कट फ़ाइल

45] प्रयुक्त फाइल का प्रयोग ------------ के लिए किया जाता है

ए] काम के टुकड़े की सफाई

सी] फ़ाइल दांतों का नवीनीकरण

बी] फाइलदांतोंकीसफाई

डी] चिप्स की सफाई

46] फाइल कार्ड का उपयोग -------- के लिए किया जाता है

ए] काम के टुकड़े को साफ करें

सी] फ़ाइल दांत नवीनीकृत करें

बी] फाइलदांतसाफकरें

47] स्क्राइबर का बिंदु कोण ----------- है

ए] 30 डिग्री

बी] 60 डिग्री

सी] 5° से 10°

<u>डी] 12° से 15°</u>

48] कच्चा लोहा काटने के लिए काटने का कोण है...

ए] 37.5◦

बी] 55◦

सी] <u>60◦</u>

डी] 90◦

chisel   hand tools

49] छेनी सामग्री में खोदेगी जब...

ए] रेक कोण अधिक है

बी] निकासी कोण बहुत कम है

सी] <u>झुकावकाकोणअधिकहै</u>

डी] झुकाव का कोण बहुत कम है

50] अत्याधुनिक को थोड़ा उत्तलता दी जाती है...

ए] घुमावदार सतहों को काटें

बी] तेज कोनों को काटें

सी] <u>सिरोंकीखुदाईरोकें</u>

डी] स्नेहक को प्रवेश करने दें

51] सरफेस प्लेट्स किससे बनी होती हैं...

ए] उच्च ग्रेड कास्ट स्टील

बी] <u>महीनदानेवालाकच्चालोहा</u>

सी] मिश्र धातु स्टील्स

डी] गढ़ा लोहा

Surface plates   hand tools

52] सतह की प्लेटें उनकी लंबाई और चौड़ाई से निर्दिष्ट होती हैं और में होती हैं

ए] डेसीमीटर

बी] घन मीटर

सी] बेलनाकार

53] एंगल प्लेट के बिना मशीनी हिस्से पर पसलियों को दिया जाता है...

ए] आसान हैंडलिंग

बी] निर्माण में सुविधा

सी] मशीनों पर सेट करते समय क्लैंपिंग

डी] कठोरताऔरविरूपणकोरोकनेकेलिए

54] एंगल प्लेट पर स्लॉट किसके लिए दिए गए हैं...

ए] वजन कम करना

बी] काम को संरेखित करना

सी] हुक का उपयोग करके उठाना

डी] समायोजितबोल्ट।

55] कोण प्लेटों के आकार द्वारा कहा गया है...

भार

बी] लंबाई

सी] लंबाई x चौड़ाई

डी] आकारसंख्या

फाउंड्रीमैन लेवल 1

Q 1) सुरक्षा के संदर्भ में, PPE का अर्थ है

1) व्यक्तिगत सुरक्षा उपकरण

2) सुरक्षात्मक व्यक्तिगत उपकरण

3) व्यक्तिगत संपत्ति उपकरण

4) संपत्ति सुरक्षा उपकरण

Q 2) निम्नलिखित में से कौन प्रदूषण नहीं फैलाता है?

1) सिलिका पाउडर

2) कार्बन डाइऑक्साइड

3) ऑक्सीजन

4) धूल और धुआं

Q3) निम्नलिखित में से कौन एक बड़े उद्योग में दुर्घटना का कारण है?

1) विस्फोट (भट्ठी या पिघली हुई धातु से)

2) गैस प्रदूषण

3) आग

4) ये सभी

Q 4) एक प्राथमिक चिकित्सा बॉक्स में __________ होता है

1) आयोडीन की मिलावट

2) बर्नॉल

3) डेटॉल

4) ये सभी

Q 5) __________ के लिए परीक्षण और निरीक्षण की आवश्यकता है।

1) पैटर्न

2) मोल्डिंग रेत

3) कास्टिंग

4) ये सभी

Q 6) फाउंड्री रेत के गुण इसके __________ पर निर्भर करते हैं।

1) आकार

2) आकार

3) अनाज की सुंदरता

4) ये सभी

Q 7) वन पीस पैटर्न को __________ पैटर्न कहा जाता है।

1) ठोस

2) स्प्लिट

3) स्वीप

4) मैच प्लेट

Q 8) मैलेट __________ का बना होता है।

1) कठोर लकड़ी

2) लेड

3) पीतल

4) कास्ट आयरन

Q 9) डॉवेल पिन का उपयोग __________ पैटर्न में किया जाता है।

1) ठोस

2) दो टुकड़े

3) कई टुकड़े

4) दो टुकड़े और कई टुकड़े दोनों

Q 10) निम्नलिखित में से किस उद्देश्य में कोर बॉक्स का उपयोग किया जाता है?

1) एक पैटर्न बनाने में

2) कोर बनाने में

3) कास्टिंग में

4) रैमिंग में

Q 11) निम्नलिखित में से कौन एक अयस्क नहीं है?

1) हेमेटाइट

2) गैलेना

3) मैग्नेटाइट

4) यूरिया

Q 12) पैटर्न पर टेंपर भत्ता क्यों दिया जाता है?

1) लकड़ी बचाने के लिए

2) लागत कम करने के लिए

3) मोल्ड से पैटर्न को आसानी से हटाने के लिए

4) इनमें से कोई नहीं

Q 13) रेत की ढलाई को ___________ कहा जाता है।

1) सिलिका रेत

2) सिलिका रेत, मिट्टी और पानी का मिश्रण

3) सिलिका रेत और ग्रेफाइट पाउडर

4) इनमें से कोई नहीं

Q 14) मोल्ड बॉक्स आमतौर पर ________ से बना होता है।

1) तांबा

2) एल्युमिनियम

3) लकड़ी, कच्चा लोहा या स्टील

4) इनमें से कोई नहीं

Q 15) अत्यधिक रेंगने से रेत के सांचे की पारगम्यता __________ हो जाती है।

1) कम

2 और

3) कोई प्रभाव नहीं

4) इनमें से कोई नहीं

Q 16) निम्नलिखित में से कौन एक मोल्डिंग मशीन है?

1) जोल्टिंग मशीन

2) निचोड़ मशीन

3) सैंड स्लिंगर

4) ये सभी

Q 17) आम तौर पर, कोर को _________ डिग्री सेल्सियस पर सुखाया जाता है।

1) 80

2) 120

3) 250

4) 400

Q 18) कोर असेंबली का क्या अर्थ है?

1) कोर के दो या दो से अधिक छोटे भागों को जोड़ना या चिपकाना

2) कोर रेत से एक बड़ा कोर बनाएं

3) मोल्डिंग रेत से एक बड़ा कोर बनाना

4) सी-क्लैंप में पैटर्न और कोर जोड़ना

Q 19) कोर को _________ की मदद से मोल्ड में सहारा दिया जाता है।

1) मिर्च

2) चपलेट

3) राममेर

4) रिसर

Q 20) निम्नलिखित में से कौन एक मिश्र धातु है?

1) तांबा

2) लोहा

3) स्टील

4) एल्युमिनियम

Q 21) निम्नलिखित में से कौन एक धातु है?

1) पीतल

2) कांस्य

3) टिन

4) इयूरालुमिन

Q 22) निम्नलिखित में से कौन एक अलौह धातु है?

1) कास्ट आयरन

2) गढ़ा लोहा

3) जिंक

4) पिग आयरन

Q 23) क्पोला का उपयोग _________ को पिघलाने के लिए किया जाता है।

1) स्टील

2) कास्ट आयरन

3) एल्युमिनियम

4) टिन

Q 24) धातु का भार धातुमल के भार से __________ होता है।

1) कम

2 और

3) बराबर

4) कम और बराबर दोनों

Q 25) इंडक्शन फर्नेस में तापमान उत्पन्न करने के लिए __________ का उपयोग किया जाता है।

1) कोक

2) इलेक्ट्रिक हीटर

3) ताँबे की कुण्डली में विद्युत धारा

4) इलेक्ट्रिक आर्क

Q 26) इंडक्शन फर्नेस में विशेष स्टील का उत्पादन, __________ तत्व का उपयोग किया जा सकता है।

1) कोबाल्ट

2)निकेल

3) क्रोमियम और वैनेडियम

4) ये सभी

Q 27) वे सभी रास्ते जिनसे पिघली हुई धातु मोल्ड कैविटी में आती है, __________ कहलाती है।

1) बढ़ती प्रणाली

2) गेटिंग सिस्टम

3) मोल्डिंग सिस्टम

4) इनमें से कोई नहीं

Q 28) पिघली हुई धातु मोल्ड कैविटी में __________ से गुजरती है।

1) धावक, स्प्रू और अंतर्ग्रहण

2) इनगेट, स्प्रू और रनर

3) स्प्रू, रनर और इंगेट

4) स्प्रू, इनगेट और रनर

Q 29) मोल्ड के जिस भाग को जल्दी से ठंडा करना होता है, वहां __________ लगाया जाता है।

1) मिर्च

2) योजना बॉब

3) ब्लाइंडर रिसर

4) स्ट्रेनर कोर

Q 30) राइजर डिजाइन करते समय किन बातों का ध्यान रखना चाहिए?

1) उठने का स्थान

2) रिसर का आकार

3) रिसर का आकार

4) ये सभी

Q 31) कार्यशाला में आग बुझाने के लिए क्या व्यवस्था की जानी चाहिए?

1)अग्निशमन उपकरण

2) पानी से भरी बाल्टी

3) रेत की बाल्टी

4) ये सभी

Q 32) शेक आउट का क्या अर्थ है?

1) मोल्ड बॉक्स को साफ रखें

2) सफाई कास्टिंग

3) साँचे में ढालने के बाद, सांचे से बालू को हिलाकर निकाल दें

4) इनमें से कोई नहीं

Q 33) हथौड़े से ढलाई से गेट और रिसर को तोड़ने की क्रिया को_ कहते हैं।

1) हटाना

2) फाइलिंग

3) कोड़े मारना

4) पीस

Q 34) फ्लेम कटिंग में आमतौर पर __________ गैस का उपयोग किया जाता है।

1) नाइट्रोजन और एसिटिलीन

2) हाइड्रोजन और एसिटिलीन

3) ऑक्सीजन और एसिटिलीन

4) नाइट्रोजन और हाइड्रोजन

Q 35) निम्नलिखित में से कौन सा कच्चा लोहा का एक प्रकार है? 1) सफेद कच्चा लोहा

\ सफद द ढलवा लोहा

2) निंदनीय कच्चा लोहा

3) तन्य कच्चा लोहा

4) ये सभी

Q 36) डालने का प्याला __________ बॉक्स में रखा गया है

1) खींचें

2) गाल

3) कोप

4) करछुल

Q 37) जिस परीक्षण या निरीक्षण में नमूने को तोड़कर उसका परीक्षण किया जाता है, उसे __________ कहा जाता है।

1) विनाशकारी परीक्षण

2) गैर-विनाशकारी परीक्षण

3) रेडियोग्राफी परीक्षण

4) इनमें से कोई नहीं

Q 38) सामान्यीकरण प्रक्रिया में, धातु को _______ में ठंडा किया जाता है।

1) वायु

2) पानी

3) तेल

4) नमक का घोल

Q 39) डाई कास्टिंग मोल्ड _________ से बना होता है। 1) प्लास्टर \ a र

2) रेत

3) धातु

4) इनमें से कोई नहीं

Q 40) __________ का उपयोग डाई कास्टिंग में किया जाता है।

1) स्प्रू

2) गेट

3) कोर

4) ये सभी

Q 41) निम्नलिखित में से कौन सा डाई कास्टिंग मशीन का प्रकार नहीं है?

1) हॉट चैम्बर डाई कास्टिंग मशीन

2) कोल्ड चेंबर डाई कास्टिंग मशीन

3) पानी का छिड़काव निरंतर डाई कास्टिंग मशीन

4) ये सभी

Q 42) किस कास्टिंग प्रक्रिया में, पिघली हुई धातु को एक घूमने वाले सांचे में डाला जाता है

1) कास्टिंग मरो

2) केन्द्रापसारक कास्टिंग

3) कार्बन डाइऑक्साइड प्रक्रिया

4) शैल मोल्डिंग

Q 43) कार्बन डाइऑक्साइड मोल्डिंग प्रक्रिया को __________ प्रक्रिया भी कहा जाता है।

1) सोडियम सिलिकेट

2) शैल मोल्डिंग

3) प्लास्टर मोल्ड

4) खोया मोम की ढलाई

Q 44) __________ आसानी से स्लश कास्टिंग विधि द्वारा बनाया जाता है

1) स्टील कास्टिंग

2) प्लास्टिक का गिलास

3) पतले आभूषण

4) इनमें से कोई नहीं

Q 45) डाई कास्टिंग में वेंट ________ बनाया जाता है।

1) अतिरिक्त पिघली हुई धातु को बाहर निकालने के लिए

2) मोल्ड से हवा या गैस को बाहर निकालने के लिए

3) रिसर के बजाय

4) इनमें से कोई नहीं

Q 46) निम्नलिखित में से कौन सी क्रिया दृश्य निरीक्षण के अंतर्गत आती है

1) केवल आँखों या लेंस द्वारा निरीक्षण

2) रासायनिक निरीक्षण

3) इलेक्ट्रॉन माइक्रोस्कोप द्वारा निरीक्षण

4) इनमें से कोई नहीं

Q 47) कास्टिंग की गुणवत्ता में निम्नलिखित में से कौन सा नियंत्रण चार्ट लागू होता है?

1) एक्स-चार्ट

2) आर-चार्ट

3) पी-चार्ट

4) ये सभी

Q 48) सॉलिड कास्टिंग और ब्लो होल में खोखली कास्टिंग होती है जो मारते समय अलग आवाज करती है। इस सिद्धांत का उपयोग ________ में किया जाता है।

1) अल्ट्रासाउंड परीक्षण

2) ध्वनि परीक्षण

3) रेडियोग्राफी परीक्षण

4)चुंबकीय कणों का परीक्षण

Q 49) टैंक या बर्तन में रिसाव जिसमें द्रव या गैस जमा है, __________ द्वारा किया जा सकता है।

1) ध्वनि परीक्षण

2) अल्ट्रा साउंड टेस्ट

3) दबाव परीक्षण

4) तनाव शक्ति परीक्षण

Q 50) __________ कास्टिंग के लिए चुंबकीय कण परीक्षण किया जाता है।

1) तांबा

2) जिंक

3) लोहा

4) मैग्नीशियम

Q 51) फ्लोरोसेंट डाई टेस्ट में ढलाई के __________ का पता चलता है।

1) सतह की दरार

2) इनर ब्लो होल

3) बेमेल

4) गलत रासायनिक संरचना

Q 52) __________ का पता लगाने के लिए आयामी निरीक्षण का उपयोग किया जाता है।

1) ब्लो होल का पता लगाने के लिए

2) खुरदरी सतह का पता लगाने के लिए

3) लंबाई, चौड़ाई, मोटाई और आकार मापने के लिए

4) इनमें से कोई नहीं

Q 53) __________ का उपयोग आयामी निरीक्षण करने के लिए किया जाता है।

1) स्केल

2) मापने वाला टेप

3) स्लाइड कैलिपर्स

4) ये सभी

Q 54) ओवरहेड क्रेन का उपयोग निम्नलिखित में से किस कार्य के लिए किया जाता है?

1) मोल्ड बॉक्स ले जाने के लिए

2) ढलाई के लिए लिफ्टिंग करछुल

3) कास्टिंग को एक जगह से दूसरी जगह ले जाने के लिए

4) ये सभी

Q 55) जोल्ट एंड स्क्वीज मशीन द्वारा क्या किया जाता है?

1) मोल्ड बनाना

2) कास्टिंग की सफाई

3) गेट बनाना

4) रेत की ढलाई की तैयारी

Q 56) बेल्ट कन्वेक्टर के मध्य या अंत में पाए जाने वाले चट्स का उपयोग __________ के लिए किया जाता है।

1) पदार्थ को गर्म करना

2) अम्लीय पानी गिराना

3) चलती वस्तुओं को नीचे फेंकना

4) पदार्थ तोड़ो

Q 57) फाउंड्री के निम्नलिखित में से किस डिवीजन में धूल प्रदूषण का कोई खतरा नहीं है?

1) मोल्डिंग विभाग

2) फोर्क लिफ्टर

3) इलेक्ट्रोस्टैटिक प्रीसिपिटेटर

4) पशुपालन विभाग

Q 58) निम्नलिखित में से कौन सा उपकरण धूल प्रदूषण को कम करता है?

1) एयर रैमर

2) फोर्क लिफ्टर

3) इलेक्ट्रोस्टैटिक प्रीसिपिटेटर

4) सैंड स्लिंगर

Q 59) गलित धातु के __________ को पाइरोमीटर द्वारा जाना जाता है।

1) रासायनिक संरचना

2) तापमान

3) तरलता

4) इनमें से कोई नहीं

Q 60) फाउंड्री में कंप्यूटर का उपयोग __________ के लिए किया जाता है।

1) फर्नेस ऑपरेशन

2) माल की आवश्यकता और व्यय

3) एनीलिंग फर्नेस ऑपरेशन

4) ये सभी

Q 61) बकेट एलेवेटर का उपयोग मोल्डिंग पदार्थ को __________ में स्थानांतरित करने के लिए किया जाता है

1) क्षैतिज स्थिति

2) लंबवत अवस्था

3) क्षैतिज और ऊर्ध्वाधर स्थिति

4) इनमें से कोई नहीं

Q 62) परीक्षण जिसमें नमूने को बिना तोड़े परीक्षण किया जाता है, _______ कहलाता है।

1) विनाशकारी परीक्षण

2) गैर विनाशकारी परीक्षण

3) तन्य शक्ति परीक्षण

4) इनमें से कोई नहीं

Q 63) निम्नलिखित में से कौन सा परीक्षण गैर-विनाशकारी परीक्षण के अंतर्गत आता है

1) दृश्य निरीक्षण

2) प्रभाव परीक्षण

3) फ्लोरोसेंट-डाई-पेनेट्रेट निरीक्षण

4) दृश्य निरीक्षण और फ्लोरेसेंट-डाई-पेनेट्रेट निरीक्षण दोनों

Q 64) मोल्डिंग मशीन के बारे में निम्नलिखित में से कौन सा सही नहीं है?

1) यह श्रम लागत को कम करता है

2) पैटर्न को मोल्ड से भी हटाया जा सकता है

3) इससे ढलाई की सफाई होती है

4) मोल्ड की सतह चिकनी आती है

Q 65) मोल्ड बनाने के लिए निम्नलिखित में से किस उपकरण का उपयोग नहीं किया जाता है?

1) झटका निचोड़ मशीन

2) सैंड स्लिंगर

3) डम्पर

4) इनमें से कोई नहीं

Q 66) SWL का अर्थ है-

1) सुरक्षित कार्य भार

2) मानक कार्य भार

3) स्थिर कार्य भार

4) उपयुक्त कार्य भार

Q 67) यदि एक ढलाई का आयतन X घन मीटर है और धातु की ढलाई का घनत्व Y किग्रा है। प्रति घन मीटर तो इसका भार _________kg होगा।

1) XY

2) (एक्स/वाई)

3) (वाई/एक्स)

4) इनमें से कोई नहीं

Q 68) फाउंड्री लेआउट का अर्थ __________ है।

1) उपयोग की जाने वाली सभी सामग्रियों की सफाई/धोना

2) धातु पिघलने वाली भट्टियों को सुचारू रूप से चलाएं

3) फाउंड्री में प्रयुक्त क्रियाओं का क्रम दिखाएँ

4) इनमें से कोई नहीं

Q 69) फाउंड्री में कंप्यूटर का उपयोग __________ के लिए किया जाता है।

1) ढलाई का भार ज्ञात कीजिए

2) कास्टिंग की लागत

3) गेट और रिसर का डिजाइन

4) ये सभी

Q 70) मनुष्य _______ धूल प्रदूषण से प्रभावित हो सकता है।

1)कान

2) लेग

3) फेफड़े

4) लीवर

Q 71) निम्नलिखित में से कौन सा फाउंड्री से संबंधित शब्द नहीं है?

1) ड्रूइंग

2) मोल्डिंग

3) कोर मेकिंग

4) कास्टिंग

Q 72) जिस डिब्बे में सामान्य औषधि, रुई, पट्टी आदि होती है, उसे _______ डिब्बा कहते हैं।

1) मोल्ड

2) कोर

3) प्राथमिक चिकित्सा

4) उपकरण

Q 73) निम्नलिखित में से कौन पीपीई नहीं है?

1) सुरक्षा के जूते

2) हाथ के दस्ताने

3) सुरक्षा आंख मारना

4) पाइप कटर

Q 74) निम्नलिखित में से कौन सा सॉफ्ट स्किल है?

1) मजबूत कार्य नैतिकता

2) अच्छा संचार कौशल

3) टीम वर्क

4) ये सभी

Q 75) निम्नलिखित में से कौन सा कारण दुर्घटना के लिए उपयुक्त नहीं है?

1) प्रकाश की कमी

2) लापरवाही

3) अति आत्मविश्वास

4) सही उपकरण का चयन

Q 76) किस देश ने 5 S सिस्टम विकसित किया?

1) भारत

2) चीन

3) जापान

4) जर्मनी

Q 77) निम्नलिखित में से किस सामग्री का उपयोग फाउंड्री में किया जाता है?

1) रेत

2) लकड़ी

3) धातु

4) ये सभी

Q 78) निम्नलिखित में से किस धातु अयस्क का नाम हेमेटाइट है?

1) लोहा

2) एल्युमिनियम

3) तांबा

4) जिंक

Q 79) निम्नलिखित में से कौन एक लौह धातु है?

1) कास्ट आयरन

2) गढ़ा लोहा

3) स्टील

4) ये सभी

Q 80) कॉपर और जिंक की मिश्र धातु को _________ के रूप में जाना जाता है।

1) पीतल

2) कांस्य

3) इयूरालुमिन

4) निक्रोम

क्यू 81) इयूरालुमिन मिश्र धातु का प्रमुख घटक __________ है।

1) एल्युमिनियम

2) तांबा

3) जिंक

4) लोहा

Q 82) निम्नलिखित में से कौन एक लौह धातु नहीं है?

1) तांबा

2) जिंक

3) तांबा और जस्ता दोनों

4) स्टील

Q 83) निम्नलिखित में से किस धातु में तांबे की तुलना में बेहतर विद्युत चालकता है?

1)चांदी

2) टिन

3) जिंक

4) लेड

Q 84) धातु का वह गुण जिसके द्वारा इसे तार में खींचा जा सकता है, __________ कहलाता है।

1) चालकता

2) लचीलापन

3) लचीलापन

4) लोच

Q 85) निम्नलिखित में से कौन सा रेत को ढालने का घटक है?

1) सिलिका रेत

2) मिट्टी

3) पानी

4) ये सभी

Q 86) रेत को ढालने का वह गुण जो गैसों को गुजरने देता है __________ कहलाता है।

1) रासायनिक प्रतिरोध

2) पारगम्यता

3) स्थायित्व

4) चालकता

Q 87) निम्नलिखित में से कौन सा मुख्य रेत घटक नहीं है?

1) पानी

2) मोम

3) कोर रेत बांधने की मशीन

4) सिलिका रेत

Q 88) मोल्डिंग बॉक्स के टॉप बॉक्स को ______ कहा जाता है।

1) कोप

2) गाल

3) खींचें

4) कोर

Q 89) कोर के बैठने के पैटर्न पर दिए गए प्रक्षेपण को ______ के रूप में जाना जाता है।

1) कोर प्रिंट

2) कोर बॉक्स

3) कोर स्प्रिंग

4) कोर चिल

Q 90) निम्नलिखित में से कौन सा एक प्रकार का सुदृढीकरण है जिसका उपयोग कोर के लिए किया जाता है?

1)वसंत

2) आर्बर

3) गैगर

4) ये सभी

Q 91) कोर की पारगम्यता ______ के लिए कोर वेंटिंग की जाती है।

1) सुधार

2) रुको

3) कमी

4) नीचा करना

Q 92) गेटिंग सिस्टम का उर्ध्वाधर भाग, जो कि डालने वाले कप के निकट होता है, ______ कहलाता है।

1) धावक

2) स्प्रू

3) रिसर

4) चैनल

Q 93) ______ दोष तब होता है जब कॉप और ड्रैग ठीक से संरेखित नहीं होते हैं।

1) गलत तरीके से चलाना

2) ठंडा बंद

3) मोल्ड शिफ्ट

4) पपड़ी

Q 94) पिघली हुई धातु की अपर्याप्त तरलता के कारण निम्नलिखित में से कौन सा दोष होता है?

1) मिस-रन

2) मोल्ड शिफ्ट

3) ब्लो होल

4) इनमें से कोई नहीं

Q 95) परीक्षण या निरीक्षण का प्रकार जिसमें बिना तोड़े कास्टिंग का परीक्षण किया जाता है, _________ कहलाता है।

1) गैर-विनाशकारी परीक्षण

2) विनाशकारी परीक्षण

3) अर्ध-विनाशकारी परीक्षण

4) इनमें से कोई नहीं

Q 96) अवांछित भागों को काटने, कास्टिंग की सफाई और परिष्करण के संचालन को कहा जाता है

_________।

1) रामिंग

2) फेटलिंग

3) झटका देना

4) गोफन

Q 97) धातु का निम्नलिखित में से कौन सा गुण ऊष्मा उपचार से प्रभावित होता है?

1) कठोरता

2) लचीलापन

3) ताकत

4) ये सभी

Q 98) इलेक्ट्रिक आर्क फर्नेस का उपयोग _______ के पिघलने के लिए किया जाता है।

1) स्टील

2) एल्युमिनियम

3) तांबा

4) जिंक

Q 99) इलेक्ट्रिक आर्क फर्नेस में इलेक्ट्रोड ______ से बना होता है।

1) तांबा

2) एल्युमिनियम

3) ग्रेफाइट

4) स्टील

Q 100) निम्न में से कौन कपोला भट्टी का एक भाग है?

1) नीचे की थाली

2) शैल

3) प्रॉपिंग रॉड

4) ये सभी

Q 101) कोर टाइप इंडक्शन फर्नेस एक _____________ फ्रीक्वेंसी इंडक्शन फर्नेस है।

1) उच्च

2) कम

3) मध्यम

4) शून्य

Q 102) लोहे का गलनांक लगभग_________ डिग्री सेंटीग्रेट होता है।

1) 1000

2) 723

3) 1539

4) 4000

Q 103) निम्नलिखित में से कौन कपोला का विकसित रूप है?

1)कोक कम कपोला

2) हॉट ब्लास्ट कपोला

3) डिवाइड ब्लास्ट कपोला

4) ये सभी

Q 104) निम्न में से कौन सा कच्चा लोहा का एक प्रकार नहीं है?

1) सफेद कच्चा लोहा

2) निंदनीय कच्चा लोहा

3) तन्य कच्चा लोहा

4) पीला कच्चा लोहा

Q 105) आकृति में दिखाए गए टूल को पहचानें।

1) स्क्वायर ट्राई करें

2) फ़ाइल

3) छेनी

4) इस्पात नियम

Q 106) मोल्डिंग मशीन की मदद से मोल्ड बनाने की प्रक्रिया को _________ के रूप में जाना जाता है।

1) मशीन मोल्डिंग

2) कोर मशीनिंग

3) बुनियादी मोल्डिंग

4) फेटलिंग

Q 107) निम्नलिखित में से कौन सा मशीन मोल्डिंग का लाभ नहीं है?

1) उच्च उत्पादन दर

2) उच्च आयामी सटीकता

3) उपकरणों की प्रारंभिक लागत अधिक है।

4) यह मोल्ड और कास्टिंग के लिए अच्छी सतह खत्म प्रदान करता है

Q 108) निम्नलिखित में से कौन हाथ से संचालित मोल्डिंग मशीन है?

1) सादा खाल उधेड़नेवाला प्रकार मशीन

2) टाइप मशीन को पुश करें

3) रोल ओवर टाइप मशीन

4) ये सभी

Q 109) निम्नलिखित में से कौन कोर रैमिंग मशीन नहीं है?

1) जोल्टिंग

2) स्लिंगिंग

3) निचोड़ना

4) छोटा बेंच ब्लोअर

Q 110) निम्नलिखित में से कौन सा डाई कास्टिंग मशीन का एक प्रकार है?

1) हॉट चैंबर डाई कास्टिंग मशीन

2) कोल्ड चेंबर डाई कास्टिंग मशीन

3) हंस-गर्दन डाई कास्टिंग मशीन

4) ये सभी

Q 111) सोडियम सिलिकेट मोल्डिंग प्रक्रिया को __________ प्रक्रिया भी कहा जाता है।

1) कार्बन डाई ऑक्साइड मोल्डिंग

2) शैल मोल्डिंग

3) प्लास्टर मोल्ड

4) खोया मोम की ढलाई

Q 112) निम्नलिखित में से किस डाई कास्टिंग मशीन में धातु को पिघलाने और धारण करने के लिए उपयुक्त भट्टी होती है?

1) हॉट चैम्बर डाई कास्टिंग मशीन

2) कोल्ड चेंबर डाई कास्टिंग मशीन

3) पानी का छिड़काव निरंतर डाई कास्टिंग मशीन

4) इनमें से कोई नहीं

Q 113) सोडियम सिलिकेट प्रक्रिया में _______ बनने के कारण मोल्ड सख्त हो जाता है।

1) सोडियम कार्बोनेट

2) सिलिका जेल

3) कैल्शियम कार्बोनेट

4) कार्बन डाई ऑक्साइड

Q 114) शेल मोल्डिंग का उपयोग _________ के लिए किया जा सकता है।

1) मिलिंग कटर का उत्पादन

2) उत्पादन गियर

3) मोटी दीवार की ढलाई का निर्माण

4) पतली दीवार की ढलाई का निर्माण

Q 115) प्लास्टर ऑफ पेरिस मोल्ड कास्टिंग में मोल्ड ______ का बना होता है।

1) जिप्सम

2) कांच

3) सोडियम सिलिकेट

4) ग्रेफाइट

Q 116) कौन सा विभाग निश्चित रूप से फाउंड्री के अच्छे लेआउट में है?

1) मोल्डिंग विभाग

2) फेटिंग विभाग

3) निरीक्षण विभाग

4) ये सभी

Q 117) फाउंड्री का कौन सा विभाग तय करता है कि कास्टिंग निर्धारित मानकों के अनुरूप है?

1) मोल्डिंग विभाग

2) फेटिंग विभाग

3) निरीक्षण विभाग

4) कोर मेकिंग डिपार्टमेंट

Q 118) मैकेनाइज्ड फाउंड्री में इस्तेमाल होने वाला मैटेरियल हैंडलिंग इक्विपमेंट निम्नलिखित में से कौन सा है?

1) क्रेन

2) कन्वेयर

3) क्रेन और कन्वेयर दोनों

4) इनमें से कोई नहीं

Q 119) मैकेनाइज्ड फाउंड्री में पिघली हुई धातु को मोल्ड में डालने के लिए निम्नलिखित में से किस सामग्री से निपटने के उपकरण का उपयोग किया जाता है?

1) ट्रक

2) बेल्ट कन्वेयर

3) करछुल क्रेन

4) ट्रैक्टर

Q 120) निम्नलिखित में से कौन एक प्रकार का कन्वेयर नहीं है?

1) बेल्ट कन्वेयर

2) रोलर कन्वेयर

3) पैलेट कन्वेयर

4) इनमें से कोई नहीं

Q 121) मशीनीकृत फाउंड्री में निम्नलिखित में से कौन सी सामग्री सामग्री हैंडलिंग उपकरणों के माध्यम से ले जाया जाता है?

1) मोल्डिंग रेत

2) पिघला हुआ धातु

3) कास्टिंग

4) ये सभी

Q 122) निम्नलिखित में से किस उपकरण का उपयोग आयामी निरीक्षण के लिए किया जाता है?

1) वर्नियर कैलिपर

2) सीमा गेज

3) स्टील नियम

4) ये सभी

Q 123) चित्र में दिखाए गए उपकरण को पहचानें।

1) वर्नियर कैलिपर

2) सीमा गेज

3) माइक्रोमीटर

4) इस्पात नियम

Q 124) रॉकवेल और ब्रिनेल टेस्ट की मदद से किस गुणवत्ता की सामग्री का परीक्षण किया जा सकता है?

1) कठोरता

2) लचीलापन

3) लोच

4) लचीलापन

Q 125) तन्यता परीक्षण एक प्रकार का ___________ है।

1) गैर-विनाशकारी परीक्षण

2) विनाशकारी परीक्षण

3) अर्ध-विनाशकारी परीक्षण

4) दृश्य निरीक्षण

Q 126) तन्यता परीक्षण _______ पर किया जा सकता है।

1) यूनिवर्सल टेस्टिंग मशीन

2) इज़ोड परीक्षक

3) रॉकवेल परीक्षक

4) ब्रिनेल परीक्षक

Q 127) दाब परीक्षण द्वारा किस प्रकार के दोषों का पता लगाया जाता है?

1) स्कैब

2) रिसाव

3) मिस-रन

4) इनमें से कोई नहीं

Q 128) निम्न में से किस विधि से बचाव किया जा सकता है?

1) थर्मिट वेल्डिंग

2) इलेक्ट्रिक आर्क वेल्डिंग

3) टांकना

4) ये सभी

Q 129) निम्नलिखित में से किस परीक्षण को एक्स-रे परीक्षण भी कहा जाता है?

1) अल्ट्रासोनिक परीक्षण

2) ध्वनि परीक्षण

3) रेडियोग्राफी परीक्षण

4) चुंबकीय कणों का परीक्षण

Q 130) निम्नलिखित में से किस धातु की ढलाई का परीक्षण चुंबकीय कण निरीक्षण द्वारा किया जा सकता है?

1) एल्युमिनियम

2) जिंक

3) लोहा

4) सोडियम

Q 131) ________ परीक्षण उच्च आवृत्ति ध्वनि तरंगों के परावर्तन के सिद्धांत पर आधारित है।

1) दबाव परीक्षण

2) प्रभाव परीक्षण

3) रेडियोग्राफी परीक्षण

4) अल्ट्रासोनिक परीक्षण

Q 132) फ्लोरोसेंट डाई पेनेट्रेंट टेस्ट में, पेनेट्रेंट _______ क्रिया द्वारा दरारों में चला जाता है।

1) केशिका

2) घर्षण

3) विकिरण

4) चालन

Q 133) जब सांख्यिकीय तकनीकों को गुणवत्ता को नियंत्रित करने, सुधारने और बनाए रखने या गुणवत्ता की समस्याओं को हल करने के लिए नियोजित किया जाता है तो इसे _______ कहा जाता है।

1) उन्नत गुणवत्ता नियंत्रण

2) बुनियादी गुणवत्ता नियंत्रण

3) सांख्यिकीय गुणवत्ता नियंत्रण

4) गुणवत्ता पैक

Q 134) धूल प्रदूषण वाले स्थान पर निम्न में से कौन सी मशीन लगानी चाहिए?

1) मशीन को हिलाएं

2) जोल्टिंग मशीन

3) इलेक्ट्रोस्टैटिक प्रीसिपिटेटर

4) सैंड स्लिंगर

Q 135) निम्नलिखित में से कौन एक प्रकार का प्रदूषण है?

1) वायु प्रदूषण

2) ध्वनि प्रदूषण

3) जल प्रदूषण

4) ये सभी

क्यू 136) कास्टिंग की कुल लागत की गणना करते समय किस लागत को ध्यान में रखा जाना चाहिए?

1) सामग्री लागत

2) श्रम लागत

3) ओवरहेड लागत

4) ये सभी

Q 137) फाउंड्री में गुणवत्ता नियंत्रण की आवश्यकता क्यों है?

1) उत्पादन लागत को कम करने के लिए

2) निरीक्षण लागत को कम करने के लिए

3) उत्पादन और निरीक्षण लागत दोनों को कम करने के लिए

4) इनमें से कोई नहीं

Q 138) फाउंड्री के किस सेक्शन में गुणवत्ता का ध्यान रखना चाहिए?

1) मोल्ड मेकिंग सेक्शन

2) फेटिंग सेक्शन

3) मेल्टिंग सेक्शन

4) ये सभी

Q 139) निम्नलिखित में से कौन सा सुरक्षा उपकरण धूल के कणों को फेफड़ों में प्रवेश करने से रोकता है?

1)हाथ के दस्ताने

2) सुरक्षा के जूते

3) नाक का मुखौटा

4) एप्रन

Q 140) निम्नलिखित में से कौन सा शब्द फाउंड्री से संबंधित है?

1) ड्रूइंग

2) मोल्डिंग

3) निबलिंग

4) ग्लेज़िंग

Q 141) चित्र में दिखाए गए टूल को पहचानें।

1) स्क्वायर ट्राई करें

2) फ़ाइल

3) छेनी

4) इस्पात नियम

Level 1 Answer key

Question No.	Option	Question No.	Option	Question No.	Option	Question No.	Option	Question No.	Option
1	1	31	4	61	2	91	1	121	4
2	3	32	3	62	2	92	2	122	4
3	4	33	3	63	4	93	3	123	1
4	4	34	3	64	3	94	1	124	1
5	4	35	4	65	3	95	1	125	2
6	4	36	3	66	1	96	2	126	1
7	1	37	1	67	1	97	4	127	2
8	1	38	1	68	3	98	1	128	4
9	4	39	3	69	4	99	3	129	3
10	2	40	4	70	3	100	4	130	3
11	4	41	3	71	1	101	2	131	4
12	3	42	2	72	3	102	3	132	1
13	2	43	1	73	4	103	4	133	3
14	3	44	3	74	4	104	4	134	3
15	1	45	2	75	4	105	4	135	4
16	4	46	1	76	3	106	1	136	4
17	3	47	4	77	4	107	3	137	3
18	1	48	2	78	1	108	4	138	4
19	2	49	3	79	4	109	4	139	3
20	3	50	3	80	1	110	4	140	2
21	3	51	1	81	1	111	1	141	2
22	3	52	3	82	3	112	1		
23	2	53	4	83	1	113	2		
24	2	54	4	84	3	114	4		
25	3	55	1	85	4	115	1		
26	4	56	3	86	2	116	4		
27	2	57	3	87	2	117	3		
28	3	58	3	88	1	118	3		
29	1	59	2	89	1	119	3		
30	4	60	4	90	4	120	4		

Q1) कौन सा धातु अयस्क बॉक्साइट है?

1) तांबा

2) एल्युमिनियम

3) लोहा

4) इनमें से कोई नहीं

प्रश्न 2) रेत की ढलाई की तैयारी का क्या अर्थ है?

1) मोल्डिंग रेत और कोर रेत का मिश्रण

2) मोल्डिंग रेत सामग्री को एक साथ मिलाकर

3) मोल्डिंग रेत की उचित रैमिंग

4) ये सभी

Q3) मोल्ड बनाने के लिए निम्नलिखित में से किस उपकरण का उपयोग नहीं किया जाता है?

1) राममेर

2) क्लीनर या लिफ्टर

3) गैगर्स

4) क्रूसिबल

Q 4) कोर बनाते समय कोर की ताकत बढ़ाने के लिए क्या करें?

1) इसे गरम किया जाता है

2) रॉड या तार को कोर के बीच में डाला जाता है

3) कोर मोल्ड में स्थित होता है और थोड़ी देर के लिए छोड़ दिया जाता है

4) इनमें से कोई नहीं

Q 5) निम्नलिखित में से कौन एक पिट फर्नेस है?

1) इलेक्ट्रिक आर्क फर्नेस

2) रोटरी फर्नेस

3) क्रूसिबल फर्नेस

4) इनमें से कोई नहीं

Q 6) निम्नलिखित में से कौन सा गेट का प्रकार नहीं है?

1) शीर्ष द्वार

2) बिदाई लाइन गेट

3) निचला द्वार

4) मध्य द्वार

Q 7) निम्नलिखित में से कौन एक व्यक्तिगत सुरक्षा उपकरण है?

1) राममेर

2) स्प्रिंट स्तर

3) मुखौटा

4) रिसर

Q 9) निम्नलिखित में से किस प्रक्रिया को कास्टिंग में उत्पन्न आंतरिक बल द्वारा दूर किया जा सकता है?

1) एनीलिंग

2) शमन

3) नाइट्राइडिंग

4) सामान्यीकरण

Q 10) निम्नलिखित में से कौन सी प्रक्रिया ऊष्मा उपचार के अंतर्गत नहीं आती है?

1) एनीलिंग

2) शमन

3) तड़के

4) रेत नष्ट करना

Q 11) निम्नलिखित में से किस विधि में एक धातु को गर्म करने के बाद नमक के घोल में ठंडा किया जाता है?

1) एनीलिंग

2) तनाव से राहत

3) सामान्यीकरण

4) शमन

Q 12) सतह को सख्त करने के लिए निम्नलिखित में से किस विधि का उपयोग किया जाता है?

1) प्रेरण सख्त

2) ज्वाला सख्त होना

3) प्रतिरोध हीटिंग सख्त

4) ये सभी

Q 13) निवेश कास्टिंग प्रक्रिया में, मोल्ड निम्नलिखित में से किस सामग्री से बना होता है?

1) प्लास्टर

2) ग्रेफाइट

3) मोम

4) इनमें से कोई नहीं

Q 14) कठोरता की जांच के लिए निम्नलिखित में से कौन सा परीक्षण है?

1) इज़ोड परीक्षण

2) चरपी परीक्षण

3) ब्रिनेल परीक्षण

4) ये सभी

Q 15) निम्नलिखित में से किस किरण का उपयोग मोटी ढलाई का परीक्षण करने के लिए किया जाता है?

1) एक्स-रे

2) गामा-रे

3) अल्फा-रे

4) इनमें से कोई नहीं

Q 16) मशीनीकृत फाउंड्री में निम्नलिखित में से कौन सी वस्तु का उपयोग नहीं किया जाता है?

1) जोल्टिंग मशीन

2) बेल्ट कन्वेयर

3) लकड़ी का रामर

4) निचोड़ मशीन

Q 17) रोबोट का उपयोग करके फाउंड्री के लिए निम्नलिखित में से कौन सा कार्य किया जा सकता है?

1) फाउंड्री पदार्थों के हस्तांतरण के लिए

2) सुरक्षा संबंधी कार्यों के लिए

3) धातु पिघलने विभाग में

4) ये सभी

Q18) फाउंड्री में बेल्ट कन्वेयर का क्या उपयोग होता है?

1) मोल्डिंग रेत मिलाने के लिए

2) मोल्डिंग रेत को लंबवत ऊपर की ओर स्थानांतरित करने के लिए

3) कोर बनाने के लिए

4) ढलाई रेत को क्षैतिज रूप से एक स्थान से दूसरे स्थान पर ऊपर की ओर स्थानांतरित करने के लिए

Q 19) निम्नलिखित में से कौन सा परीक्षण एक विनाशकारी परीक्षण है?

1) दबाव परीक्षण

2) अल्ट्रासोनिक परीक्षण

3) गामा-रे परीक्षण

4) इनमें से कोई नहीं

क्यू 20) यदि कास्टिंग के मूल्य की गणना की जानी है, तो निम्नलिखित में से किस पर ध्यान दिया जाना चाहिए?

1) पैटर्न, कोर और मोल्ड बनाने की लागत

2) धातु को पिघलाने की लागत

3) खर्च और लाभ की भरपाई

4) ये सभी

Q 21) यदि किसी ढलाई का घनत्व 80 kg.प्रति घन मीटर है और उसका आयतन 40 घन मीटर है। ढलाई का भार किलोग्राम में क्या होगा?

1) 2

2) 20

3) 320

4) 3200

Q 22) कास्ट आयरन फाउंड्री और स्टील फाउंड्री के लेआउट में क्या अंतर होगा?

1) मोल्ड बनाने के उपकरण में

2) कोर मेकिंग इंस्ट्रूमेंट में

3) पिघली हुई भट्टियों में

4) शेक आउट मशीन में

Q 23) निम्नलिखित में से कौन सा कार्यस्थल पर स्थापित किया जाना चाहिए जहां धुआं और धूल के कण उड़ते हैं?

1) जेनरेटर

2) बेसेमर

3) एक्ज़ॉस्टर

4) हाइड्रो ब्लास्टिंग मशीन

Q 24) स्टील कास्टिंग के आंतरिक तनाव को दूर करने के लिए कौन सा हीट ट्रीटमेंट करना चाहिए?

1) एनीलिंग

2) सामान्यीकरण

3) शमन

4) तड़के और शमन

Q 25) फेसिंग सैंड लगाने के बाद मोल्ड को भरने के लिए किस रेत का उपयोग किया जाता है?

1) कोर रेत

2) जिक्रोन रेत

3) बेकिंग रेत

4) इनमें से कोई नहीं

Q 26) निम्नलिखित में से कौन कार्बन और लोहे का मिश्रधातु है?

1) एल्युमिनियम

2) तांबा

3) स्टील

4) पीतल

Q 27) निम्नलिखित में से कौन सा रेत को ढालने का एक विशेष योजक है?

1) कोयले की धूल

2) सिलिका आटा

3) गाय का गोबर

4) ये सभी

Q 28) पैटर्न बनाने के लिए निम्नलिखित में से किस सामग्री का उपयोग किया जा सकता है?

1) धातु

2) लकड़ी

3) धातु और लकड़ी दोनों

4) इनमें से कोई नहीं

Q 29) आकृति में दिखाए गए पैटर्न को पहचानें।

1) ठोस पैटर्न

2) स्वीप पैटर्न

3) मैच प्लेट पैटर्न

4) इनमें से कोई नहीं

Q 30) टैपर भत्ता का दूसरा नाम क्या है?

1) रैपिंग भत्ता

2) ड्राफ्ट भत्ता

3) मशीनिंग भत्ता

4) केम्बर भत्ता

Q 31) निम्नलिखित में से कौन एक प्रकार का कोर नहीं है?

1) क्षैतिज कोर

2) लंबवत कोर

3) किस कोर

4) इनमें से कोई नहीं

Q 32) निम्नलिखित में से कौन गेटिंग सिस्टम का हिस्सा नहीं है?

1) रिसर

2) धावक

3) कप डालना

4) बैरल

Q 33) उस राइजर का क्या नाम है जिसका सिर वातावरण की ओर खुला होता है?

1) ओपन राइजर

2) ब्लाइंड रिसर

3) बंद रिसर

4) इनमें से कोई नहीं

Q 34) निम्नलिखित में से कौन-सा एक प्रकार का कोर बॉक्स है?

1) आधा कोर बॉक्स

2) स्प्लिट कोर बॉक्स

3) गैंग कोर बॉक्स

4) ये सभी

Q 35) स्टील की काटने की क्षमता बढ़ाने के लिए उस पर कौन सा हीट ट्रीटमेंट किया जाता है?

1) एनीलिंग

2) हार्डनिंग

3) तड़के

4) सामान्यीकरण

Q 36) नॉर्मलाइज़िंग में, कूलिंग निम्नलिखित में से किस माध्यम में की जाती है?

1) तेल

2) पानी

3) वायु

4) नमकीन

Q 37) निम्नलिखित में से किस भट्टी को वायु भट्टी भी कहा जाता है?

1) प्रतिवर्ती भट्टी

2) इलेक्ट्रिक आर्क फर्नेस

3) कपोला भट्टी

4) इंडक्शन फर्नेस

Q 38) अलौह धातु की छोटी मात्रा को पिघलाने के लिए किस भट्टी का उपयोग किया जाता है?

1) कपोला भट्टी

2) इलेक्ट्रिक आर्क फर्नेस

3) गड्ढे की भट्टी

4) इनमें से कोई नहीं

Q 39) पाइरोमीटर का उपयोग निम्नलिखित में से किस मात्रा को मापने के लिए किया जाता है?

1) दबाव

2) तापमान

3) प्रवाह

4) वॉल्यूम

Q 40) निम्न में से कौन सी प्रक्रिया ढलाई का उत्पादन करती है जब दबाव पिघली हुई धातु को मोल्ड गुहा में जाने के लिए मजबूर करता है?

1) शैल मोल्डिंग

2) कास्टिंग मरो

3) निरंतर ढलाई

4) कार्बन डाइऑक्साइड मोल्डिंग

Q 41) आभूषण, मूर्तियाँ, खिलौने बनाने के लिए किस कास्टिंग का उपयोग किया जाता है?

1) कास्टिंग मरो

2) केन्द्रापसारक कास्टिंग

3) स्लश कास्टिंग

4) इनमें से कोई नहीं

Q 42) ब्रिनेल परीक्षण के लिए किस इंडेंट का उपयोग किया जाता है?

1) कठोर स्टील की गेंद

2) डायमंड बॉल

3) डायमंड प्रिज्म

4) स्टील प्रिज्म

Q 43) ध्वनि परीक्षण में निम्नलिखित में से किस उपकरण का उपयोग किया जाता है?

1) स्टेथोस्कोप

2) लेजर

3) मैनोमीटर

4) इनमें से कोई नहीं

Q 44) निम्नलिखित में से कौन सा बचाव में दोषपूर्ण क्षेत्रों को तैयार करने की एक विधि नहीं है?

1) पीसना

2) गौजिंग

3) रोलिंग

4) छिलना

Q 45) निम्नलिखित में से कौन थर्माइट वेल्डिंग में स्लैग के रूप में उत्पन्न होता है?

1) लोहा

2) एल्युमिनियम ऑक्साइड

3) जिंक ऑक्साइड

4) सिलिका

Q 46) ऊष्मा उपचार प्रक्रियाओं में निम्न में से किसकी शीतलन दर सबसे धीमी होती है?

1) वायु

2) तेल

3) पानी

4) नमकीन

Q 47) निम्नलिखित में से कौन धातुओं की ऊष्मा उपचार प्रक्रिया है?

1) एनीलिंग

2) सामान्यीकरण

3) तड़के

4) ये सभी

Q 48) निम्नलिखित में से कौन सी सतह सख्त करने की प्रक्रिया है?

1) एनीलिंग

2) नाइट्राइडिंग

3) तड़के

4) सामान्यीकरण

Q 49) एक्स-रे विवर्तन विश्लेषण किस प्रकार की उन्नत परीक्षण प्रक्रिया है?

1) गैर-विनाशकारी परीक्षण

2) विनाशकारी परीक्षण

3) अर्ध-विनाशकारी परीक्षण

4) इनमें से कोई नहीं

Q 50) निम्नलिखित में से कौन औद्योगिक कंप्यूटेड टोमोग्राफी का उपयोग है?

1) दोष का पता लगाना

2) विफलता विश्लेषण

3) मेट्रोलॉजी

4) ये सभी

Q 51) निम्नलिखित में से कौन एक प्रकार का नियंत्रण चार्ट है?

1) एक्स-बार चार्ट

2) आर-चार्ट

3) एक्स-बार चार्ट और आर-चार्ट दोनों

4) इनमें से कोई नहीं

Q 52) यदि किसी ढलाई का घनत्व 750 किग्रा प्रति घन मीटर है और उसका आयतन 5 घन मीटर है। ढलाई का भार किलोग्राम में क्या होगा?

1) 15

2) 375

3) 3750

4) 15000

Level 2 Answer key

Question No.	Option	Question No.	Option
1	2	31	4
2	2	32	4
3	4	33	1
4	2	34	4
5	3	35	2
6	4	36	3
7	3	37	1
8	1	38	3
9	1	39	2
10	4	40	2
11	4	41	3
12	4	42	1
13	3	43	1
14	3	44	3
15	2	45	2

16	3		46	1
17	4		47	4
18	4		48	2
19	4		49	1
20	4		50	4
21	4		51	3
22	3		52	3
23	3			
24	1			
25	3			
26	3			
27	4			
28	3			
29	3			
30	2